Gerth Medien GmbH, Asslar
in der Verlagsgruppe Random House

2. Auflage, 2014
Bestell-Nr. 814 222
ISBN: 978-3-942208-22-2

Lektorat: Christine Neuhaus
Gestaltung und Satz: Eva Jung, gobasil, Hamburg

Glück ist jetzt.

Klaus Douglass

adeo

DER INHALT

TEIL 1: GRUNDSÄTZLICHES

01. Alle Menschen streben nach Glück – und es ist nichts Unmoralisches daran, dies zu tun.
02. Auch wenn alle Menschen nach Glück streben, weiß doch offensichtlich kaum jemand, was das genau ist.

Zwölf Spielarten des Glücks

03. Was den einen glücklich macht, kann den anderen unglücklich machen.
04. Die Erfüllung unserer Wünsche macht uns nicht dauerhaft glücklich.
05. Wer glücklich werden will, sollte kein Lotto spielen.
06. Ob etwas Glück war oder nicht, zeigt sich oft erst sehr viel später.
07. „Glücklich werden" ist kein sinnvolles Lebensziel.
08. Glück lässt sich nicht festhalten.
09. Wer ab und zu Schwein hat, ist noch lange kein glücklicher Mensch.
10. Glück und Glück ist nicht dasselbe.
11. Mit jeder einseitigen Fixierung auf kurzfristiges Glück programmieren wir unser langfristiges Unglück.

Drei kleinen Schweinchen

12. Das Leben ist nicht darauf angelegt, dass wir immer und überall glücklich sind.
13. Zu einem erfüllten Leben gehört ein bestimmtes Maß an Unglück mit dazu.
14. Glück ist mehr als ein gutes Gefühl – Glück ist, wenn das Leben gelingt.
15. Das Glück liegt nicht außen, sondern innen.
16. Glück und Unglück entstehen in unserem Kopf.

Was sagt die Hirnforschung über das Glück?

17. Glück ist nicht das, was passiert, sondern das, was wir aus dem machen, was passiert.
18. Schmerz ist unvermeidbar, Unglücklichsein eine Wahl.
19. Jeder Tag ist uns geschenkt, Glück zu säen und Glück zu ernten.
20. Glück ist keine Glückssache.

TEIL 2:
DIE ZEHN SÄULEN DES GLÜCKS

ANHANG

VORWORT

Glück ist das, was passiert,
während wir gerade mit anderen Dingen beschäftigt sind.

Zwei Mönche lasen in einem alten Buch, es gebe einen Ort auf der Welt, wo sich Himmel und Erde berührten. Wer diesen Ort finde, so lasen sie weiter, der habe das Glück seines Lebens gefunden. Eine große Tür stehe davor, man brauche nur anzuklopfen und einzutreten. – Also machten sie sich auf, diesen Ort zu suchen.

Lange Zeit waren sie unterwegs. Jeder, den sie nach dem Weg fragten, wies sie in eine andere Richtung. Sie nahmen große Anstrengungen und Entbehrungen auf sich, bis sie schließlich vor einer großen Tür ankamen. Bebenden Herzens klopften sie an und traten ein. Als sie aber aufschauten, standen sie wieder zu Hause in ihrer Klosterzelle.

Da begriffen sie: Der Ort, wo sich Himmel und Erde berühren und wo das große Glück wartet, befindet sich nicht am Ende der Welt. Er befindet sich dort, wo man gerade ist. Glück ist hier und jetzt. Wir müssen es nur entdecken.

Dieses Buch, liebe Leserin und lieber Leser, nimmt Sie mit auf eine innere Reise. In 50 kurzen Abschnitten werde ich mit Ihnen alle möglichen Aspekte des Glücks bedenken. Sie können es von vorne bis hinten lesen, Sie können aber auch irgendwo mittendrin herumstöbern oder eine Auswahl treffen. Jedes Kapitel ist in sich selbst verständlich. Anfangs geht es um eher grundsätzliche Fragen, danach wird es dann praktisch. Manches wird Ihnen unmittelbar einleuchten, anderes wird Sie zum Widerspruch reizen. Wie dem auch sei: Am Ende werden Sie wieder dort ankommen, wo Sie angefangen haben. Ein Buch kann Sie immer nur kurzzeitig in eine andere Welt entführen. Aber vielleicht kann ich Ihnen dabei helfen, jene „Tür" zu entdecken, durch die Sie eintreten und die Entdeckung machen können:

- Glück ist nicht nur anderen Menschen vorbehalten. Es wartet auf Sie.
- Glück ist auch nicht irgendwo anders, sondern dort, wo Sie gerade sind.
- Und Glück ist nicht irgendwann einmal, sondern Glück ist JETZT.

Ich wünsche Ihnen auf jeden Fall beides: viele kurzfristige Glückserlebnisse beim Lesen und viele langfristige Glückserfahrungen beim Umsetzen des Gelesenen!

Eltville am Rhein, im Sommer 2010
Klaus Douglass

1

TEIL 1:
GRUNDSÄTZLICHES

01

ALLE MENSCHEN STREBEN NACH GLÜCK – UND ES IST NICHTS UNMORALISCHES DARAN, DIES ZU TUN.

Nichts treibt uns so sehr an wie das Streben nach Glück. Ob wir als krasse Egoisten durchs Leben gehen oder uns für andere einsetzen, ob wir heiraten oder uns scheiden lassen, ob wir Geld horten oder es mit vollen Händen ausgeben – letzten Endes geht es immer um das Gleiche: Wir tun das, was wir tun, weil wir glücklich sein wollen. Auch wenn wir scheinbar selbstlos handeln, ist unser innerer Kompass zielsicher darauf ausgerichtet, unsere guten Gefühle zu mehren bzw. unsere schlechten Gefühle zu mindern.

Ich gestehe, dass mich diese Erkenntnis lange Zeit ziemlich beleidigt hat. Ich würde viel lieber behaupten, dass es etwas Höheres ist, was uns antreibt. Etwa das Trachten danach, andere glücklich zu machen. Oder das Bestreben, Gutes zu tun. Aber wenn wir den Dingen auf den Grund gehen und uns fragen, warum Menschen gut handeln, fromm sind oder ihre Mitmenschen lieben, kommen wir immer wieder auf das eine zurück: Sie tun es, um glücklich zu sein. Und das ist durchaus okay. Gänzlich selbstlose Liebe gibt es nur bei Gott. Der Mensch aber darf gerne ein wenig „egoistisch“ sein und nach Glück streben. Denn:

Glück ist ein Gesundheitsfaktor.
Glücksempfindungen sind Balsam für Körper und Seele. Wer sich dauerhaft zufrieden und glücklich fühlt, wird seltener krank und lebt erwiesenermaßen länger.

Glück ist ein Erfolgsfaktor.
Wer glücklich ist, verrichtet eher gute Arbeit. Der Tag geht ihm lockerer von der Hand. Seine Leistung wird nicht von Problemen belastet. Er ist gesünder und belastungsfähiger als andere.

Glück ist ein sozialer Faktor.
Glückliche Menschen sind nicht neidisch. Sie sind anderen gegenüber offener und positiver eingestellt. Sie geben und vergeben leichter als unglückliche Menschen.

Es ist darum keineswegs unmoralisch, wenn wir nach Glück streben. Denn letztlich können nur glückliche Menschen andere glücklich machen.

„Keine Pflicht gegenüber unseren Mitmenschen vernachlässigen wir so sehr wie die, glücklich zu sein.“ Robert Louis Stevenson

AUCH WENN ALLE MENSCHEN NACH GLÜCK STREBEN, WEISS DOCH OFFENSICHTLICH KAUM JEMAND, WAS DAS GENAU IST.

Was ist eigentlich Glück? Fragt man 1.000 Leute, bekommt man 1.000 verschiedene Antworten. Etwa Auskünfte wie diese:

„Dumm sein und Arbeit haben, das ist das Glück.“ Gottfried Benn

„Glück ist gute Gesundheit und ein schlechtes Gedächtnis.“ Ingrid Bergmann

„Glück ist das angenehme Gefühl, das aus der Betrachtung fremden Elends erwächst.“ Ambrose Bierce

„Das Glück ist ein Wie, kein Was; ein Talent, kein Objekt.“ Hermann Hesse

„Glück im Leben besteht aus den vielen Dingen, die einem nicht zugestoßen sind.” Paul Hörbiger

„Mein Glück liegt im Vergrößern des Glücks anderer. Ich brauche das Glück aller, um selbst glücklich zu sein.“ André Gide

02

„Glück ist Selbstgenügsamkeit.“ Aristoteles

„Glück ist etwas, das man zum ersten Mal wahrnimmt, wenn es sich mit großem Getöse verabschiedet.” Marcel Achard

„Glück besteht aus einem hübschen Bankkonto, einer guten Köchin und einer tadellosen Verdauung.” Jean-Jacques Rousseau

„Glück heißt, stets gut getäuscht zu sein.“ Jonathan Swift

Sie finden, dass sich diese Definitionen teilweise ziemlich widersprechen? Da haben Sie vollkommen recht. Und das ist schon einigermaßen merkwürdig, denn hier äußern sich ja durchaus kluge Leute. Alle Menschen suchen nach Glück, aber jeder stellt sich offensichtlich etwas anderes darunter vor.

Könnte es sein, dass wir deswegen so erfolglos auf unserer Suche nach Glück sind? Weil wir gar nicht genau wissen, was wir da suchen? – Stellen Sie sich einen Mann vor, der mit einer großen Lupe den Boden absucht. Auf die Frage, was genau er da sucht, antwortet er: „Ich weiß es nicht. Aber irgendwo muss es sein!“

Wir alle sind davon überzeugt (oder hoffen doch zumindest), dass „irgendwo da draußen“ das Glück auf uns wartet. Nur hat jeder eine andere Vorstellung davon, worin dieses Glück besteht. Und das ist ziemlich absurd. Denn erst wenn wir wissen, was wir finden wollen, können wir uns ernsthaft auf die Suche machen. Solange wir aber nicht einmal ahnen, was wir suchen, werden wir das Glück kaum finden. Oder stehen in Gefahr, alles für „Glück“ auszugeben, was sich gut anfühlt. Glück aber, so viel möchte ich jetzt schon verraten, ist mehr als nur ein gutes Gefühl.

„Wer vom Glück immer nur träumt, darf sich nicht wundern, wenn er es verschläft.“ Ernst Deutsch

Weil Glück so viele verschiedene Gesichter hat, versteht fast jeder etwas anderes darunter. Darum reden wir auch so oft aneinander vorbei, wenn es um dieses Thema geht. Weil es so viele Betrachtungsweisen über das Glück gibt, herrschen auch so viele falsche Vorstellungen darüber. Schauen wir uns in den folgenden Abschnitten einige davon etwas genauer an.

ZWÖLF SPIELARTEN DES GLÜCKS.

Wir Menschen erleben die unterschiedlichsten Situationen als beglückend. Glück hat offensichtlich verschiedene Facetten, die jeder Mensch in einer ihm entsprechenden Weise kombiniert. Ich nenne Ihnen – ohne Anspruch auf Vollständigkeit – die zwölf wichtigsten:

Tiefe Geborgenheit	○	○
Totale Entspannung	○	○
Vollkommene Harmonie	○	○
Eine angenehme Atmosphäre	○	○
Völlige Hingabe	○	○
Eine ausgelassene Stimmung	○	○
Sinnlicher Genuss	○	○
Ein erreichtes Ziel	○	○
Ein überwundenes Hindernis	○	○
Empfundene Freiheit	○	○
Ein außergewöhnliches Ereignis	○	○
Der ultimative Kick	○	○

Vielleicht kreuzen Sie einmal an, welche dieser Spielarten des Glücks Sie persönlich favorisieren. Und bitten Sie einen Menschen, der Ihnen nahesteht, es ebenso zu tun. Vergleichen Sie Ihre Antworten – ich garantiere Ihnen eine angeregte Diskussion!

Übrigens: Ganz gleich, welche dieser Facetten Sie besonders schätzen – Glück fällt selten vom Himmel. Meistens gilt:

„Das, was wir Glück nennen, entsteht aus dem Zusammentreffen von Vorbereitung und Gelegenheit." Anthony Robbin

WAS DEN EINEN GLÜCKLICH MACHT, KANN DEN ANDEREN UNGLÜCKLICH MACHEN.

03

Bei unserer Suche nach Glück orientieren wir uns gern an Menschen, von denen wir den Eindruck haben, dass sie glücklicher sind als wir. Ganz nach dem Motto: „Kopiere den Meister, und du wirst selbst ein Meister.“ Das stimmt in vielen Bereichen des Lebens, nicht aber in Bezug auf das Glück. Denn das, was andere Menschen glücklich macht, kann bei uns mitunter genau das Gegenteil bewirken. Der eine findet sein Glück eher im Rückzug, der andere hingegen braucht Gesellschaft. Ein Musikstück, das den einen beschwingt, lässt den anderen kalt oder macht ihn sogar aggressiv. Und die gleiche Aufgabe, die uns Freude und Erfüllung bereitet, führt bei anderen Menschen zu Überforderung und Stress.

Glück ist höchst individuell. Unsere Erwartungen an das Glück sind abhängig von unserer Persönlichkeit sowie von den Umständen, in denen wir leben – und sie verändern sich im Laufe unseres Lebens. Das aber bedeutet:

- Der Weg, der für andere richtig ist, kann für uns selbst unter Umständen genau der falsche sein. Versuchen Sie darum nicht, den Glücksrezepten anderer zu folgen.
- Umgekehrt gilt: Der Weg, der für uns richtig ist, führt andere noch lange nicht zum Glück. Seien Sie darum zurückhaltend mit guten Ratschlägen, die Ihnen einmal geholfen haben. Und versuchen Sie erst recht nicht, andere dazu zu drängen, Ihren Weg zu gehen.
- Und vor allem: Der Weg, der uns gestern zum Glück geführt hat, hilft uns heute vielleicht nicht mehr. Weil wir uns ebenso weiterentwickeln wie die Welt um uns herum, müssen wir lernen, das Glück aus immer neuen Quellen zu schöpfen.

Glück ist eine sehr persönliche Angelegenheit. Es ist das, was UNS selbst glücklich macht. Darum versuchen Sie nicht, auf den Wegen anderer zu wandeln. Dort glücklich zu werden, funktioniert höchstens nur zufällig. Wir sind einzigartig. Darum brauchen wir ein speziell auf uns zugeschnittenes Glückskonzept.

„Glück ist ein Maßanzug. Unglücklich sind meist die, die den Maßanzug eines anderen tragen möchten.“ Karl Böhm

DIE ERFÜLLUNG UNSERER WÜNSCHE MACHT UNS NICHT DAUERHAFT GLÜCKLICH.

04

Der vielleicht verbreitetste Irrglaube über das Glück ist die Vorstellung, dass uns die Erfüllung unserer Wünsche glücklich macht. Obwohl unsere Erfahrung diese Auffassung tagtäglich widerlegt, halten wir doch eisern an dieser Illusion fest: „Wenn nur dieses und jenes passieren würde, wäre ich endlich glücklich!“

Dabei wissen wir seit unserer Kindheit, dass ein solches Wunscherfüllungs-Glück immer nur von kurzer Dauer ist. Egal, wie groß die Wünsche waren, die wir beispielsweise an Weihnachten erfüllt bekamen – schon kurze Zeit später reichte uns das nicht mehr aus. Etwas Neues musste her. Etwas, was uns nun wirklich glücklich machen würde! So begann das Spiel von vorne, und ich behaupte, dass wir es ein Leben lang in der gleichen Art weiterspielen: Herzenswunsch – Erfüllung – kurze Freude – Langeweile – und daraus resultierend: ein neuer Wunsch.

Wer meint, er könne durch die Erfüllung seiner Wünsche glücklich werden, ist wie jemand, der versucht, seinen Durst mit Schnee zu stillen. Nach kurzer Erleichterung wird sein Verlangen nicht kleiner, sondern größer.

Der Dichter Wilhelm Busch sagt: „Jeder Wunsch, wenn er erfüllt, kriegt augenblicklich Junge.“ Unsere Erfahrung bestätigt das Tag für Tag aufs Neue. Warum glauben wir dennoch, glücklich werden zu können, indem sich unsere Wünsche erfüllen?

Wünsche sind wichtig, sie gehören zum Leben dazu. Aber koppeln Sie nicht Ihr Glück an die Erfüllung Ihrer Wünsche. Denn damit schlagen Sie einen Weg ein, an dessen Ende nur Frustration stehen kann. Zum einen bleiben viele Wünsche im Leben unerfüllt. Zum anderen macht Sie deren Erfüllung weder automatisch noch dauerhaft glücklich. Sie können wünschen und träumen, so viel Sie wollen, je leidenschaftlicher, desto besser – aber hängen Sie Ihr Glück nicht an die Erfüllung Ihrer Wünsche!

„Es gibt im Leben zwei Katastrophen. Die eine besteht in der Versagung, die andere in der Erfüllung unserer Wünsche.“ George Bernard Shaw

WER GLÜCKLICH WERDEN WILL, SOLLTE KEIN LOTTO SPIELEN.

05

Der Inbegriff des Glücks ist für die meisten ein Millionengewinn im Lotto. Leider ist das eine ziemliche Fehlvorstellung. Abgesehen davon, dass wir rund 200.000 Jahre lang jeden Tag (!) Lotto spielen müssten, bevor uns das statistische Los trifft, den Jackpot zu gewinnen. (Es wäre schon ziemlich großes Glück, wenn wir es in der Hälfte dieser Zeit schafften.) Die Chance, beim Lotto zu gewinnen, ist so verschwindend gering, dass diese Art des Glücksspiels gerne auch als „Dummensteuer" bezeichnet wird.

Darüber hinaus sind die realen Folgen eines Lottogewinns ziemlich ernüchternd. Eine große Untersuchung unter Lottomillionären brachte folgende erstaunliche Fakten zutage:

- Das subjektive Glücksempfinden lag bei fast allen Gewinnern nach einem Jahr genau da, wo es vorher schon gelegen hatte. Das heißt, sie fühlten sich genauso glücklich oder unglücklich wie vor ihrem Lottogewinn.
- Die finanzielle Situation von 80 Prozent der Lottogewinner war nach fünf Jahren vergleichbar oder schlechter als vorher. Offensichtlich kommen die meisten Menschen mit „schnellem Geld" nicht zurecht.

- Infolge des Gewinns gingen bei über 80 Prozent der Lottogewinner innerhalb kurzer Zeit engste Beziehungen in die Brüche: Ehen, Freundschaften, Beziehungen zu Eltern, Kindern und Geschwistern usw.

- Drei Jahre danach überstieg die Zahl der Depressiven unter den Lottogewinnern deutlich den Durchschnitt der Bevölkerung.

Mal ehrlich: Wollen Sie das wirklich? Sie sollten aus purem Eigennutz das Lottospiel scheuen wie der Teufel das Weihwasser. Beziehungsweise ein Dankgebet sprechen, wenn Sie wieder einmal verloren haben oder mit „drei Richtigen" davongekommen sind. Und wenn Sie tatsächlich jemanden treffen, der gerade einen Millionengewinn gemacht hat, geben Sie ihm die Hand, schauen ihm tief in die Augen und sagen: „Oh Mann, Sie armer Kerl. Das tut mir aufrichtig leid. Wie konnte das nur passieren? – Wenn ich Ihnen irgendwie helfen kann, lassen Sie es mich wissen."

Es gibt keinen Fahrstuhl ins Glück. Man muss die Treppe nehmen.

OB ETWAS GLÜCK WAR ODER NICHT, ZEIGT SICH OFT ERST SEHR VIEL SPÄTER.

06

Eines Tages lief einem Bauern das einzige Pferd fort. Da kamen seine Nachbarn zusammen und riefen: „Welch ein Unglück!" Der Bauer aber antwortete: „Unglück oder Glück – wer weiß?" Nach einigen Tagen kehrte das Pferd zurück und brachte ein Wildpferd mit. Da sagten die Nachbarn: „Jetzt hast du zwei Pferde! Was für ein Glück!" Der Bauer aber sagte: „Glück oder Unglück – wer weiß?" Das Wildpferd wurde vom Sohn des Bauern eingeritten; dabei stürzte er und brach sich ein Bein. Die Nachbarn eilten herbei und sagten: „Welch ein Unglück!" – Aber der Bauer sagte nur: „Unglück oder Glück – wer weiß?" Kurz darauf brach ein Krieg aus und alle jungen Männer wurden eingezogen, nur der Sohn des Bauern nicht, weil sein Bein gebrochen war. Da riefen die Nachbarn: „Was für ein Glück!" ...

So manches, was wir in unserem Leben als großes Glück empfanden, erwies sich im Nachhinein als mittlere Katastrophe. Umgekehrt entpuppte sich vieles, was anfangs wie ein Riesenunglück aussah, als ein großes Glück für uns. Glück und Unglück liegen nahe beieinander, oft entwickelt sich das eine aus dem anderen.

Heißt das nun, wir sollen jedes Glück, das uns widerfährt, mit Misstrauen beäugen und hinter jedem Geschenk des Lebens das Unglück lauern sehen? Keineswegs! Lassen Sie sich Ihr Glück nicht madig machen. Das Leben will gelebt und Glücksmomente wollen ausgekostet werden, und zwar nicht nur mit angezogener Handbremse. Ich gestehe, dass mir der Bauer aus oben stehender Geschichte in diesem Punkt etwas zu apathisch ist.

Es stimmt: Das Glück ist eine etwas launische Lady, die uns heute anlächelt und schon wenige Tage später scheinbar geflissentlich ignoriert. Aber muss uns das momentan wirklich kümmern? Warum sollen wir den heutigen Sonnenschein nicht genießen, nur weil es früher oder später auch mal wieder regnen wird?

In einem allerdings können wir von dem Bauern lernen. Wir sollten cool und gelassen bleiben, wenn wir mal wieder richtig Pech haben. Sicher, es fühlt sich nicht gut an. Aber wer weiß? Vielleicht erweist sich genau das, was momentan wie ein Unglück aussieht, später als großes Glück. Und wir selbst können einiges dafür tun, damit sich vermeintliches Unglück in Glück verwandelt.

„Ein Mensch schaut in die Zeit zurück und sieht: Sein Unglück war sein Glück."
Eugen Roth

„GLÜCKLICH WERDEN“ IST KEIN SINNVOLLES LEBENSZIEL.

07

OBWOHL UNSER GANZES TUN DARAUF ZIELT, GLÜCKLICH SEIN ZU WOLLEN, IST „GLÜCKLICH WERDEN“ KEIN SINNVOLLES LEBENSZIEL.

In einem Cartoon tauschen sich die „Peanuts“ untereinander aus, was sie einmal werden wollen. Schröder möchte Pianist werden, Lucy Ärztin und ihr Bruder Linus Feuerwehrmann. Nur Charlie Brown antwortet nichts. Alle schauen auf ihn und fragen: „Charlie, was möchtest du denn werden, wenn du einmal groß bist?“ Nach langem Zögern antwortet Charlie: „... einfach nur glücklich!“

Ohne Zweifel: Glücklich sein möchten sie alle – nicht nur Charlie Brown. Schröder möchte Pianist werden, weil es ihn glücklich macht, sich in der Musik Beethovens zu verlieren. Lucy will Ärztin werden, weil dieser Beruf für sie mit Einfluss und Anerkennung und eben darum mit „Glück“ verbunden ist. Linus, der ständig an seiner Schmusedecke hängt, will endlich den Mann in sich spüren und auf diese Weise glücklich werden.

Sie alle suchen das Glück, aber sozusagen auf einem Umweg. Und haben damit viel bessere Chancen als Charlie Brown, der „einfach nur glücklich“ sein will. Denn Glück lässt sich nicht direkt anstreben. Wir werden es nur finden, wenn wir nicht danach suchen – zumindest nicht direkt. Glück ist nämlich so etwas wie ein „Abfallprodukt“. Es stellt sich beiläufig ein, während wir scheinbar auf etwas ganz anderes ausgerichtet sind. Glück muss einen Grund haben, dem es folgen kann. Es muss er-folgen, lässt sich aber nicht er-zielen.

Darum gibt es keine unglücklicheren Gestalten als jene Menschen, die dem Glück nachjagen. Denn je mehr es uns ums Glück geht, desto mehr vergeht es. Je mehr wir dem Glück nachjagen, desto mehr verjagen wir es. Auch wenn es paradox klingt: **Die verzweifelte Sehnsucht nach Glück ist eine der Hauptursachen dafür, dass wir nicht glücklich werden.** Wir dürfen dem Glück nicht hinterherjagen, sondern sollten ihm ganz gelassen entgegengehen.

„Das Glück ist ein Schmetterling: Jag ihm nach, und er entwischt dir. Setz dich hin, und er lässt sich auf deiner Schulter nieder.“

08

GLÜCK LÄSST SICH NICHT FESTHALTEN.

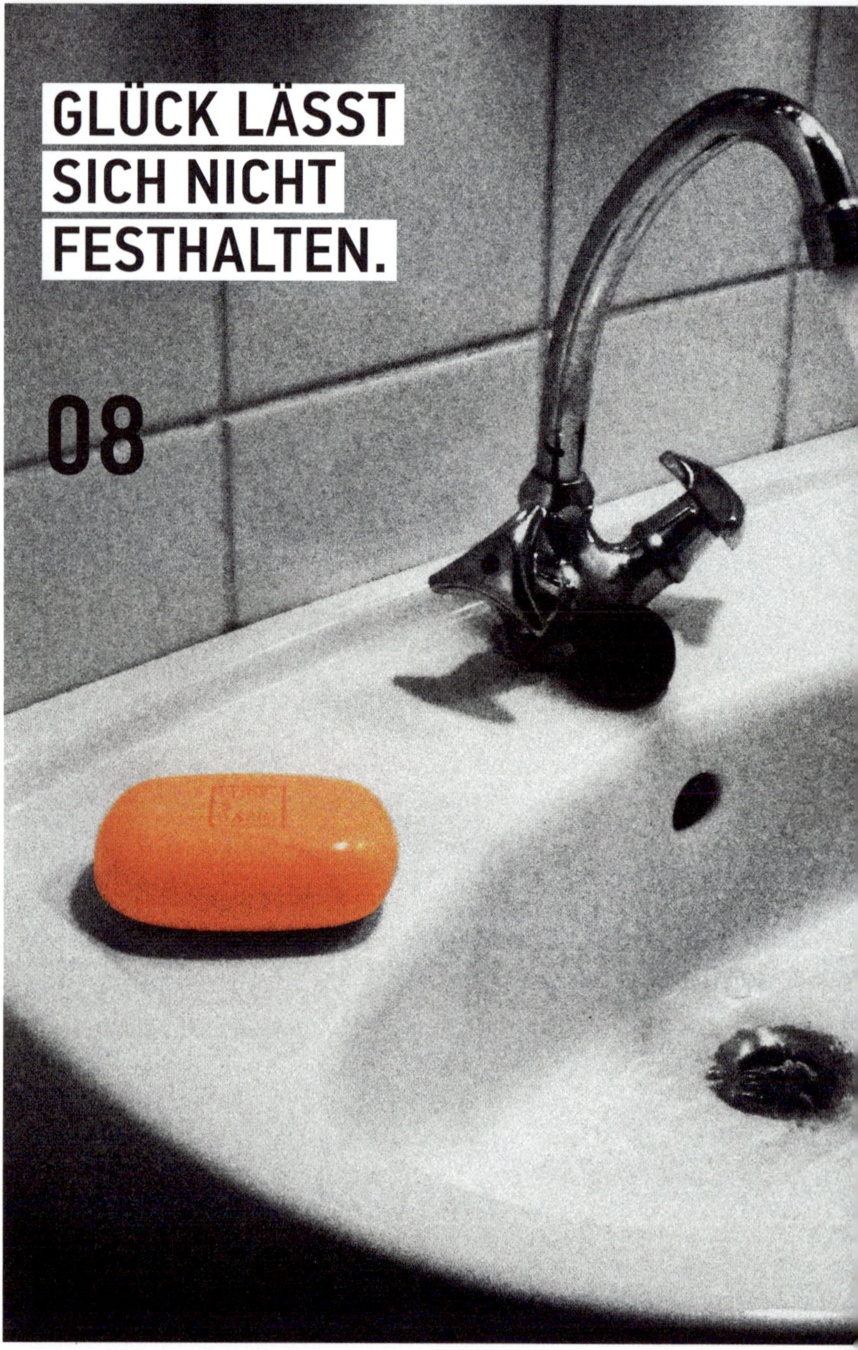

„Darum sorgt nicht für morgen, denn der morgige Tag wird für das Seine sorgen.“ Aus der Bergpredigt Jesu

Genauso wenig, wie wir dem Glück hinterherrennen dürfen, sollten wir versuchen, einmal erfahrenes Glück festzuhalten. **Glücksempfindungen haben in aller Regel nur eine kurze Halbwertszeit.** Je mehr wir uns bemühen, das wunderbare Glücksgefühl wachzuhalten, desto kraftloser und nichtssagender wird es und kippt schließlich um in Überdruss und Langeweile. Es verendet in unseren Händen wie ein Schmetterling, den wir mit der Faust packen, statt ihn behutsam kommen und auch wieder gehen zu lassen.

Kennen Sie „Manna“? Das war jene himmlische Speise, mit der Gott im Alten Testament das Volk Israel in der Wüste versorgte. Keiner konnte sich erklären, woher es kam, aber es schmeckte köstlich, und jeden Morgen konnten die Leute ihren Tagesbedarf davon einsammeln. Doch dieses Leben von der Hand in den Mund, so lesen wir in der Bibel, war vielen nicht recht. Darum legten sie einen Teil des Mannas auf die Seite und bewahrten ihn als Vorrat für den nächsten Tag auf. Am nächsten Morgen aber war es ungenießbar: Es stank faulig und Würmer krochen darin herum. Ist es mit dem Glück nicht oft ganz ähnlich? Wir wissen nicht, woher es kommt. Manchmal scheint es einfach vom Himmel zu fallen, ohne dass es eine Erklärung dafür gibt. Jeden Tag neu stellt uns das Leben vor die Herausforderung, das Glück rings um uns aufzusammeln. An sich ist das eine schöne Aufgabe, allerdings auch eine ziemlich unsichere Sache: Was ist, wenn der Himmel sich morgen verschließt und womöglich nichts für uns abfällt? Wegen dieser Befürchtung neigen wir dazu, Glücksmomente festhalten und auf Halde legen zu wollen. Doch schöne Momente lassen sich nicht konservieren. Und jeder Versuch, es trotzdem zu tun, führt dazu, dass uns das Glück unter den Händen verkommt. Glücksgefühle lassen sich nicht sichern. Im Gegenteil: Jedes Glück, das wir krampfhaft festhalten wollen, wird binnen kurzer Zeit ungenießbar.

09

WER AB UND ZU SCHWEIN HAT, IST NOCH LANGE KEIN GLÜCKLICHER MENSCH.

Manche Menschen sind echte Glückspilze. Ständig setzen sie aufs richtige Pferd, treffen im rechten Moment auf die richtigen Leute, und wenn irgendwo der Blitz einschlägt, macht er um sie einen großen Bogen. Anders als der kleine Mann, der tagtäglich um seine Existenz kämpft, müssen sie scheinbar keinen Finger rühren. Das Schicksal ist ihnen einfach hold.

Meist sind diese Leute ziemlich unausstehlich. Und doch faszinieren sie uns. Weil wir klammheimlich denken: „So muss Glück sein – ein glücklicher Zufall nach dem andern!" Irgendwo in unserer geistigen Welt existiert dieser unausrottbare Mythos: „Wenn ich nur genug Glück hätte, wäre ich auch glücklich." Doch so plausibel das im ersten Moment klingen mag, ist es doch blanker Unsinn. Wer das wirklich glaubt, ist auf dem besten Weg, unglücklich zu werden. Wenn er es nicht schon längst ist.

Im 19. Jahrhundert lebte ein Schriftsteller namens Franz Freiherr von Dingelstedt. Seine Werke muss man nicht mehr kennen, aber vielleicht seine Grabinschrift:

„Er hat im Leben viel Glück gehabt und ist doch niemals glücklich gewesen."

Was lernen wir daraus? Es gibt einen großen Unterschied zwischen „Glück haben" und „glücklich sein". Leider werden diese beiden Dinge heute häufig verwechselt. Ich bin fest davon überzeugt, dass jemand, der immer nur Glück hat, aber nie lernt, sein Glück in die eigenen Hände zu nehmen, im Grunde seines Herzens unglücklich ist. Zum Glücklichsein gehört mehr, als viel Glück zu haben. Wer ab und zu Schwein hat, ist noch lange kein glücklicher Mensch.

„Man bedarf weit größerer Tugenden, das Glück zu ertragen als das Unglück."
François Duc de La Rochefoucauld

GLÜCK UND GLÜCK IST NICHT DASSELBE.

10

Auf die Frage „Wie lange dauert Glück?“ antworteten neun Prozent der Befragten: „Glück ist eine Sache von Sekunden.“ Für fünfzehn Prozent hingegen währt Glück über viele Jahre. Der Rest gab Werte irgendwo dazwischen an.

Hinter diesen widersprüchlichen Aussagen stehen letztlich unterschiedliche Glückserfahrungen (einige von ihnen haben Sie auf Seite 17 kennen gelernt). Jede Facette von Glück hat eine andere Halbwertszeit: Der ultimative Kick vergeht schneller als die empfundene Freiheit. Die Freude über ein mühsam erreichtes Ziel währt länger als die ausgelassene Stimmung auf einer Party.

So unterschiedlich die Gesichter des Glücks auch sein mögen, lassen sich letzten Endes doch zwei Grundtypen von Glück benennen. Die Engländer differenzieren zwischen „luck“ und „happiness“. Die Franzosen zwischen „chance“ und „bonheur“. Die deutsche Sprache hingegen kennt nur ein Wort für „Glück“. Deshalb verwechseln wir beides gern miteinander: kurzfristige Glückserlebnisse und langfristiges Lebensglück. Ich nenne sie auch „Typ A“ und „Typ B“ von Glück.

„Sich glücklich fühlen können, ohne Glück haben zu müssen – das ist wirklich Glück.“ Marie von Ebner-Eschenbach

TYP A: KURZFRISTIGE GLÜCKSMOMENTE

„LUCK“ / GLÜCK HABEN:

- in der Regel von außen ausgelöst
- sinnlich
- wenig beeinflussbar
- intensiv
- meist kurzlebig

Glücksmomente vom „Typ A“ sollten keineswegs gering geschätzt werden. Sie sind vielmehr das „Salz in der Suppe“ des Glücks. Weil sie sinnlich und intensiv sind, bleiben sie oft lange in Erinnerung und sind in unserem Bewusstsein gegenwärtiger als das langfristige Lebensglück vom „Typ B“.

Freilich dürfen wir nicht den Fehler machen, solche intensiven Glücksmomente mit „dem Glück“ an sich zu verwechseln. Viele Menschen nehmen einiges auf sich, um kurze Momente des Glücks erleben zu können. Doch man wird letzten Endes zum Opfer, wenn man das eigene Lebensglück von etwas abhängig macht, was von außen kommt. Und wer sein dauerhaftes Glück an einen kurzlebigen „Kick“ bindet, von dem er immer wieder eine neue Dosis braucht, um sich glücklich zu fühlen, spielt ein Spiel, das er nur verlieren kann.

TYP B: LANGFRISTIGES LEBENSGLÜCK

„HAPPINESS“ / GLÜCKLICH SEIN:

- kommt aus der eigenen Persönlichkeitsmitte
- innerlich
- Folge eigener Weichenstellungen
- latent (untergründig)
- langfristig

Auch jemand, der langfristig glücklich ist, kann mal schlechte Tage oder Pech haben, Krisen erleben oder sich hier und da unglücklich fühlen. Aber wie die Nadel eines Kompasses, der durcheinandergeschüttelt wurde, nordet sich sein Lebensgefühl nach kurzer Erschütterung wieder auf „Glück“ ein.

Langfristiges Lebensglück vom „Typ B“ ist weitgehend unabhängig von äußeren Glücksfällen. Diese Art von Glück hängt stärker von inneren Faktoren ab; es kommt aus unserer Persönlichkeitsmitte.

Durch kluge Entscheidungen und Weichenstellungen können wir es außerdem sehr gut beeinflussen. Dauerhaftes Lebensglück ist darum verbunden mit dem Bewusstein, das eigene Leben zu meistern. Es ist das Lebensgefühl von Gewinnern.

MIT JEDER EINSEITIGEN FIXIERUNG AUF KURZFRISTIGES GLÜCK PROGRAMMIEREN WIR UNSER LANGFRISTIGES UNGLÜCK.

11

Ein großer Teil unseres Unglücks basiert auf einer Verwechslung der beiden Grundtypen des Glücks. Die meisten Menschen halten ein kurzfristiges Glückserleben vom „Typ A" fälschlicherweise für das Glück überhaupt. Sie denken sich (im Grunde völlig zu Recht): „Ich lebe heute!" und vernachlässigen dabei, dafür zu sorgen, dass ihnen das Glück auch langfristig gewogen bleibt.

Ja, viele opfern sogar ihr langfristiges Glück vom „Typ B", um möglichst viele kleine Glücksmomente zu erhaschen. Sie sind so auf kurzfristiges Glück fixiert, dass sie damit langfristig ihr Unglück programmieren. Irgendwie liegt das in unserer Natur: So geht jedes Schulkind lieber spielen, statt Hausaufgaben zu machen – auch wenn es sich langfristig damit vielleicht schlechte Noten oder sogar ein Sitzenbleiben einhandelt. Aber auch Erwachsene versäumen es um des kurzen Glücksgefühls willen, das Fundament für ein beständiges Glück zu legen:

- So geben erstaunlich viele Menschen ihr Geld lieber komplett aus, statt einen Teil davon für später zurückzulegen.
- Obwohl Raucher ihr Leben dadurch im Schnitt um zehn Jahre verlängern könnten, mögen sie doch nicht auf den Genuss ihrer Zigarette verzichten.
- Und manch einer setzt für einen One-Night-Stand seine langjährige Beziehung aufs Spiel.

In einem Projekt wurde Kindern angeboten, entweder sofort eine Süßigkeit zu bekommen oder aber drei Süßigkeiten, wenn sie bereit wären, eine Stunde darauf zu warten. Ein Drittel der Kinder wählte die eine Süßigkeit „jetzt und sofort". Zwei Drittel wollten durchaus eine Stunde warten, aber die Hälfte von ihnen hielt diese Zeit nicht durch, sondern gab sich vorzeitig mit einer Süßigkeit zufrieden. Langfristig zeigte sich, dass die Kinder, die eine Stunde lang auf drei Süßigkeiten warten konnten, im späteren Leben nicht nur deutlich erfolgreicher, sondern auch glücklicher waren als die anderen.

**„Wer sich keine Annehmlichkeiten versagen kann, wird sich nie ein Glück erobern."
Marie von Ebner-Eschenbach**

DIE DREI KLEINEN SCHWEINCHEN.

Es waren einmal drei kleine Schweinchen. Sie waren Geschwister und alle drei liebten das Leben. Als es ihnen zu Hause zu eng wurde, beschlossen sie, auszuziehen und nahe beieinander jeder eine eigene Hütte zu bauen gegen Wind und Wetter – und als Schutz vor dem bösen Wolf.

Das erste Schweinchen machte sich keine große Mühe. „Das Leben will gelebt sein!“, dachte es, und da die Sonne schien, baute es seine Hütte aus Heu und Stroh. Nach kurzer Zeit war es mit seiner Arbeit fertig und ging fröhlich spielen.

Das zweite Schweinchen war etwas vorsichtiger. Es ahnte, dass das Leben nicht nur aus Sonnentagen besteht, und baute darum seine Hütte aus Zweigen und Ästen, die es aus dem nahe gelegenen Wald herbeischaffte. Das war deutlich anstrengender und es dauerte einige Zeit länger, bis das zweite Schweinchen ebenfalls spielen ging.

Das dritte Schweinchen hingegen baute seine Hütte aus Stein. Es rührte Zement an, goss ein festes Fundament, legte Baustein auf Baustein, während seine Brüder draußen bereits fröhlich herumtollten. Erst nach einigen Tagen war die Arbeit fertig und auch das dritte Schweinchen ging hinaus, um zu spielen.

Eines Tages kam der böse Wolf. Der stellte sich vor die Hütte des ersten Schweinchens, holte Luft und pustete so lange, bis die Strohhütte in sich zusammenfiel. Für einige Momente blieb der Wolf erschöpft stehen, und das kleine Schweinchen rannte, so schnell es konnte, zur Hütte seines benachbarten Brüderchens.

Dort angekommen, holte der Wolf abermals tief Luft und pustete mit aller Kraft. Die kleine Holzhütte wankte und schwankte, aber sie blieb stehen. Da atmete der Wolf noch tiefer ein und pustete und prustete, und die Hütte schwankte und wankte – und fiel schließlich um. Auch jetzt musste der Wolf erst einmal Atem holen und die beiden Schweinchen rannten aus Leibeskräften zur Hütte des dritten Brüderchens.

Vor dessen Hütte angekommen, holte der Wolf tief, tief Luft. Und weil er wusste, dass das nicht ganz einfach würde, holte er noch mehr Luft. Und dann pustete er und pustete.
Die Hütte aber stand. Und der Wolf prustete und prustete. Die Hütte aber regte sich nicht.
Schließlich hustete der Wolf nur noch, und nicht die Hütte, sondern er selbst fiel tot um.
Die kleinen Schweinchen aber lebten froh und glücklich bis an ihr Ende.

DAS LEBEN IST NICHT DARAUF ANGELEGT, DASS WIR IMMER UND ÜBERALL GLÜCKLICH SIND.

12

Vor einigen Jahren fanden Wissenschaftler heraus, dass Ratten die Stimulation eines bestimmten Zentrums ihres Gehirns offensichtlich ganz besonders gern mochten. Es stellte sich heraus, dass dies der Teil des Gehirns war, der für die sexuelle Erregung zuständig ist. Man gab ihnen die Möglichkeit, durch das Betätigen eines Hebels dieses Hirnareal selbst zu stimulieren. Die Ratten drückten den Knopf immer wieder – und wurden immer gleichgültiger für die Welt um sich herum. Selbst auf paarungsbereite Weibchen sprachen sie nicht mehr an und wollten auch nicht mehr essen und trinken, sodass einige von ihnen schließlich starben.

Diese Ratten waren – hirnphysiologisch gesehen – „glücklich". Und doch genügt ein einfacher Blick von außen, um festzustellen, dass ein Dasein in diesem Zustand der „Dauerbeglückung" alles andere als erstrebenswert ist, ja dass es sich bei diesen Tieren um höchst bemitleidenswerte Geschöpfe handelte. Glück besteht also nicht aus einer Aneinanderreihung glücklicher Momente – auch wenn wir das manchmal meinen. Der amerikanische Philosoph John Stuart Mill prägte darum den drastischen Satz, er wäre lieber ein unzufriedener Sokrates als ein zufriedenes Schwein.

Außerdem ist es nicht lebensdienlich, wenn wir ständig glücklich sind. Die Ratten wären vermutlich alle gestorben, hätte man den Versuch nicht irgendwann gnädig abgebrochen. Eine allzu hohe Dosierung an Glücksmomenten führt merkwürdigerweise zum Lebensüberdruss. Offensichtlich brauchen wir, um leben und die Dinge um uns herum kraftvoll und energiegeladen angehen zu können, ein gewisses Maß an fehlendem Glück. Auch das glücklichste Leben ist darum kein Höhenflug, sondern besteht aus einer Aneinanderreihung von Auf- und Abstiegen. „Glück" würde seine Bedeutung verlieren, wenn wir es nicht hin und wieder einmal schmerzlich vermissen würden. Allein schon, um sensibel für Glückserfahrungen zu bleiben, müssen wir ab und zu auch unglückliche Phasen durchleben.

„Nichts ist schwerer zu ertragen als eine Reihe von guten Tagen." Johann Wolfgang von Goethe

13

ZU EINEM ERFÜLLTEN LEBEN GEHÖRT EIN BESTIMMTES MASS AN UNGLÜCK MIT DAZU.

Ja, Sie haben richtig gelesen! Alle vermeintlichen Gurus oder Selbsthilfebücher, die Ihnen erzählen wollen, es käme beim Glück lediglich darauf an, die Anzahl der positiven Gefühle zu vermehren und die der negativen Gefühle zu vermindern, liegen an diesem Punkt völlig daneben. Oberflächlich gesehen klingt diese These plausibel, und in unserer Wohlfühlgesellschaft stößt eine solche Botschaft natürlich auf viele offene Ohren. Und doch hält sie einer näheren Betrachtung nicht stand. Wenn es im Leben nur darauf ankäme, möglichst oft positive Gefühle aneinanderzureihen, wären Drogensüchtige die glücklichsten Menschen der Welt. Doch das stimmt – wie wir gesehen haben – weder für Ratten noch für Menschen.

Zum einen schließen sich viele große Glückserlebnisse direkt an Erfahrungen an, die sich für uns alles andere als beglückend anfühlten. Doch ohne sie würden wir das Glück nicht als solches empfinden. Wenn wir beispielsweise einen Berg erklimmen, ist das zunächst keineswegs nur angenehm, sondern durchaus auch mühsam und anstrengend. Natürlich können und sollen wir schon auf dem Weg den einen oder anderen Glücksmoment „einsammeln". Aber das richtig große Glücksgefühl kommt erst, wenn wir oben stehen und alle äußeren und inneren Hindernisse überwunden haben. Und diese Gefühle erleben wir eben nicht, wenn wir uns einfach nur in der Gondel nach oben tragen lassen.

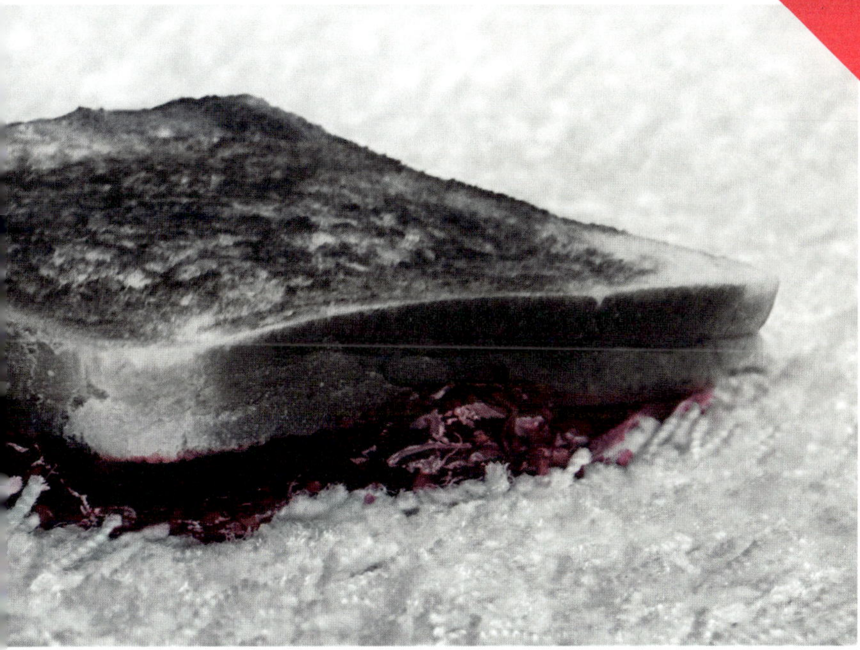

Außerdem bringen die Dinge, die wir im Leben am meisten schätzen, eine ganze Bandbreite an positiven wie negativen Gefühlen mit sich. Eine lang andauernde Liebesbeziehung beispielsweise gleicht nicht nur einem Ritt auf Wolken, sondern hält durchaus auch schmerzliche Erlebnisse bereit. Eine erfüllende Aufgabe bietet sicherlich viel Freude und Enthusiasmus, fordert aber auch Anstrengung und Schwierigkeiten. Und ein intensives Hobby oder ein Ehrenamt, das wir pflegen, bereitet uns eben nicht nur Glücksgefühle, sondern auch Schwierigkeiten und Strapazen.

Wahrhaftes Glück besteht nicht nur aus angenehmen Empfindungen, sondern ist eine Mixtur aus positiven wie negativen Gefühlen, bei denen freilich die positiven am Ende klar im Vordergrund stehen. Wer Ihnen ausschließlich Glück in Form von angenehmen Gefühlen verkaufen will, diesen Aspekt aber dabei ausblendet, schickt Sie auf eine Straße, die letztendlich ins Unglück führt.

„Willst Du glücklich sein, dann lerne erst zu leiden.“ Iwan S. Turgenjew

GLÜCK IST MEHR ALS EIN GUTES GEFÜHL – GLÜCK IST, WENN DAS LEBEN GELINGT.

Beobachte die Ameisen, du Faulpelz! Nimm dir ein Beispiel an ihnen: Kein Vorgesetzter treibt sie an; trotzdem arbeiten sie den ganzen Sommer über fleißig, und im Herbst haben sie einen Vorrat für den Winter angelegt. Wie lange willst du noch im Bett bleiben, du Faulpelz? Wann stehst du endlich auf? „Lass mich noch ein bisschen schlafen“, sagst du, „nur noch ein Weilchen!“ – und während du dich noch ausruhst, ist die Armut plötzlich da, und die Not überfällt dich wie ein Räuber. (Aus dem biblischen Buch der Sprüche)

14

Glück ist kein andauerndes Stimmungshoch, sondern wenn das Leben gelingt. Vielleicht erstaunt Sie diese Definition. Seiner Herkunft nach stammt das Wort Glück von dem mittelhochdeutschen „gelücke", und das bedeutet nichts anderes als „gelingen". Glück ist darum zunächst einmal gelingendes Leben und hat erst in zweiter Linie etwas mit positiven Gefühlen zu tun. Doch wie kann unser Leben gelingen? Unser Leben ist die Summe zahlloser Weichenstellungen und Entscheidungen, die wir tagtäglich aufgrund unseres persönlichen Wertesystems treffen. Darum folgt unser Lebensglück oft als direkte Konsequenz aus unseren Werten.

In der Bibel, dem Grunddokument unserer westlichen Kultur, kommt das Wort „Glück" fast ausschließlich im Sinn von „Gelingen" vor. Viel mehr als für das Glück selbst interessieren sich die biblischen Texte für die Voraussetzungen des Glücks. Aus diesen greife ich fünf heraus: Weisheit, Demut, Güte, Gerechtigkeit und Fleiß.

- WEISHEIT ist so viel wie Lebens-Wissen, das aus einem wachen Verstand, einem offenen Herzen und dem Mut, die Dinge anzupacken, resultiert.
- DEMUT bedeutet nicht, sich künstlich klein zu machen, sondern zu akzeptieren, dass wir nicht der Mittelpunkt der Welt sind.
- GÜTE ist ein Sammelbegriff für Großzügigkeit, Langmut, Wille zum Verzeihen und Barmherzigkeit. So, sagt die Bibel, ist Gott, und daran sollen wir uns orientieren.
- GERECHTIGKEIT ist im Buch der Bücher kein abstraktes Ideal, sondern meint, dass wir den Nöten und Bedürfnissen anderer gerecht werden.
- FLEISS ist eine unabdingbare Voraussetzung für gelingendes Leben. Glück wird uns nicht einfach in den Schoß gelegt, sondern ist die Folge unserer Mühe.

Das hört sich in Ihren Ohren im ersten Moment vielleicht nicht unbedingt nach „Glück" an. Doch die wenigsten Dinge in unserem Leben gelingen ohne solide Vorbereitung. Und ob unser Leben als Ganzes gelingt oder nicht, ist ebenfalls kein Zufall, sondern hat sehr viel mit den Werten zu tun, die wir unserem Handeln zugrunde legen.

„Glück ist meistens nur ein Sammelname für Tüchtigkeit, Klugheit, Fleiß und Beharrlichkeit." Charles F. Kettering

DAS GLÜCK LIEGT NICHT AUSSEN, SONDERN INNEN.

15

Untersuchungen unter Lottogewinnern, aber auch bei durch einen Unfall querschnittsgelähmten Menschen, haben gezeigt, dass das persönliche Glücksempfinden eines Menschen nur für eine begrenzte Zeit von äußeren Ereignissen beeinflusst wird. Selbst bei extremen Erfahrungen pendelt unser Glücksempfinden nach rund ein bis zwei Jahren wieder auf seinen Ausgangspunkt zurück, das heißt, wir sind nach dieser Zeit genauso glücklich oder unglücklich wie zuvor.

Äußere Ereignisse haben nicht die Kraft, uns dauerhaft glücklich oder unglücklich zu machen. Wenn wir vor einem Schicksalsschlag glückliche Menschen waren, haben wir gute Chancen, es auch danach wieder zu werden. Und umgekehrt: Sind wir in uns selbst unglücklich, werden uns weder ein Lottogewinn noch ein Traumpartner dauerhaft aus unserer schlechten Stimmung herausreißen können.

Jeder von uns hat einen individuellen, ziemlich konstanten Glückspegel. Wie Sie diesen errechnen können, können Sie im Anhang 1 dieses Buches nachlesen. Dabei ist dieser „Happiness Set Point“ keineswegs ein blindes Schicksal, das über uns verfügt ist. Wir können unser dauerhaftes Glücksgefühl vielmehr nachhaltig von innen heraus verändern:

- ... indem wir Teile unseres persönlichen Umfeldes gezielt ändern;
- ... indem wir negative durch positive Glaubenssätze ersetzen;
- ... indem wir kluge Weichenstellungen in unserem Leben vornehmen.

Wenn wir glücklich sein wollen, müssen wir aufhören, das Glück immer nur von außen zu erwarten, sondern uns auf die Kräfte besinnen, die in uns liegen. Wer das Glück von außen erhofft, macht sich zum Opfer. Wer sich hingegen auf seine eigenen Kräfte besinnt, legt die Grundlagen dafür, sein Glück zu meistern.

„Es ist schwer, das Glück in uns zu finden, doch es ist ganz und gar unmöglich, es anderswo zu finden.“ Nicolas Chamfort

GLÜCK UND UNGLÜCK ENTSTEHEN IN UNSEREM KOPF.

16

Das gilt zunächst einmal ganz buchstäblich im Sinn der Hirnphysiologie. Die Gefühle, die wir als „Glück" oder „Unglück" bezeichnen, sind Folgen hormoneller Ausschüttungen, die vornehmlich von der so genannten Hirnanhangsdrüse ausgehen.

Doch unsere Glücksgefühle entstehen in einem noch viel elementareren Sinne in unserem Kopf. Denn hinter jedem positiven oder negativen Gefühl verbirgt sich ein Gedanke. Gefühle werden durch Gedanken ausgelöst. Wir können nur Glück oder Unglück empfinden, weil wir Situationen als „glücklich" oder „unglücklich" beurteilen.

Letztlich sind es immer wieder unsere Gedanken, die eine Situation so deuten, dass wir sie als beglückend oder als schrecklich empfinden. Wir sehen die Dinge nicht so, wie sie sind. Wir sehen sie vielmehr so, wie wir sind, das heißt wir deuten unsere positiven oder negativen Gedanken in diese Welt hinein. Für den einen ist das Glas halb voll, für den anderen halb leer. Der unglückliche Mensch findet immer Anlass in der „Realität", der ihn in seinem Unglück bestärkt. Der glückliche hingegen findet in der gleichen Realität genug Gründe, sich zu freuen. Im Extremfall können wir aus dem Himmel die Hölle machen und umgekehrt.

Der griechische Philosoph Epikur sagte mit Recht: **„Nicht die Dinge an sich sind es, die uns unglücklich machen, sondern die Art und Weise, wie wir sie beurteilen."**

- Darum können zwei Menschen die gleiche Erfahrung machen, und der eine ist dabei glücklich, der andere hingegen ist es nicht: weil sie die Dinge unterschiedlich beurteilen.
- Darum können Menschen, denen es – äußerlich betrachtet – nicht sonderlich gut geht, dennoch glücklich sein, und andere, die scheinbar auf der Sonnenseite des Lebens stehen, fühlen sich unglücklich.

Glück und Unglück entstehen im Kopf. Im Grunde ist jedes Unglück genau so schwer, wie wir es gerade nehmen. Und Glück empfinden wir nur dann, wenn gute Gedanken uns dafür den Weg bahnen.

„Das Glück im Leben hängt von den guten Gedanken ab, die man hat." Marc Aurel

WAS SAGT DIE HIRN-FORSCHUNG ÜBER DAS GLÜCK?

Die Hirnforschung geht heute davon aus, dass im Wesentlichen fünf Hormone bzw. Hormongruppen für unser Glücksempfinden zuständig sind:

- Der Botenstoff DOPAMIN richtet unsere Aufmerksamkeit auf die angenehmen und erfreulichen Seiten des Lebens. Er lässt uns Lust und Vergnügen empfinden.
- Das „Take-it-easy-Hormon" SEROTONIN sorgt für Entspanntheit, Gelassenheit und innere Ruhe.
- Die so genannten „Stresshormone" ADRENALIN und NORADRENALIN erregen und aktivieren uns. Sie machen uns wach, energievoll und reaktionsbereit.
- Die so genannten ENDORPHINE lindern Schmerzen und rufen Euphorie her¬vor. Sie geben uns das Gefühl, über den Niederungen des Lebens zu schweben.
- Das (bei Frauen übrigens deutlich stärker vorkommende) „Kuschelhormon" OXYTOCIN schließlich ist zuständig für Vertrauen, Fairness, Liebe, Treue und Kooperation.

Wer nun auf den Gedanken kommt, man müsse nur einen entsprechenden „Hormoncocktail" mixen, um die Menschen glücklich zu machen – dem schiebt die Natur Gott sei Dank einen Riegel vor. Diese Stoffe lassen sich in aller Regel nicht einfach wie Nahrungsergänzungsmittel zu sich nehmen. Trotzdem kann man ihre Ausschüttung gezielt fördern. Etwa durch den Genuss von bestimmten Nahrungsmitteln wie Chili oder Schokolade, oder durch Sport und andere körperliche Betätigung. Leidenschaftliches Küssen und Sex helfen definitiv, sich glücklich zu fühlen. Und selbst eine so töricht erscheinende Übung, wie eine Minute lang die Mundwinkel zu einem Dauergrinsen nach oben zu ziehen, hilft bei der Aufhellung unserer Laune. (Versuchen Sie's mal!)

Und trotzdem: Braucht es, um ein glücklicher Mensch zu sein nicht mehr, als sich selbst nach einem langen Kuss Chili-Schokolade mampfend im Spiegel anzugrinsen?

Eines jedenfalls können wir an dieser Stelle über das Glück bereits sagen: Glücksempfinden besteht offensichtlich nicht nur aus EINEM Gefühl. Glück umfasst vielmehr höchst unterschiedliche Dimensionen wie wache Aufmerksamkeit, ruhige Gelassenheit, kraftvolle Aktivität, ozeanisches Schweben und menschliche Nähe.

„Das schönste Glück des denkenden Menschen ist, das Erforschliche erforscht zu haben und das Unerforschliche zu verehren." Johann Wolfgang von Goethe

GLÜCK IST NICHT DAS, WAS PASSIERT,SONDERN DAS, WAS WIR AUS DEM MACHEN, WAS PASSIERT.

17

Das Leben teilt uns im Allgemeinen beides zu: gute und schlechte Karten, wenn auch in verschiedenem Maße. Erstaunlicherweise sind viele Menschen mit einem durchaus „guten Blatt“ auf der Hand keineswegs glücklich. Andere, die sehr viel schlechtere „Karten“ haben, wirken manchmal glücklicher. In den einschlägigen Glücksstatistiken belegt ein so reiches und freies Land wie Deutschland bestenfalls einen Mittelplatz, während deutlich ärmere Länder wie Nigeria oder Venezuela ziemlich weit vorne rangieren.

Offenbar gibt es große Unterschiede in der Fähigkeit, günstige Lebensumstände auch in Lebensfreude umzusetzen. So erzählt der Pfarrer und Dichter Lothar Zenetti von einem jungen Sportwagenfahrer, der auf die Frage, wie er sich fühle, antwortet: „Was für 'ne Frage: beschissen!“ Eine alte Frau im Rollstuhl sagt dagegen: „Danke, es geht mir gut.“
Zenetti folgert: „Immer hat man Mitleid mit den falschen Leuten.“

Viel wichtiger als die Frage, welche Karten uns das Leben zugeteilt hat, ist anscheinend die Frage, wie wir diese einschätzen – und wie wir sie ausspielen.

- Glück ist zunächst eine Frage der Wahrnehmung. Nehmen wir die positiven Dinge in unserem Leben wahr oder haftet unser Blick einseitig am Negativen bzw. an dem, was wir nicht (bekommen) haben? Und ergreifen wir die Chancen, die das Leben uns Tag für Tag bietet?
- Glück ist sodann eine Frage der Beurteilung. Manch Reicher ist unglücklich, weil er weniger verdient als sein Nachbar, was in seinen Augen ein Makel ist. Während ein Armer vielleicht glücklich ist, dass er trotzdem seine Familie ernähren kann.
- Glück ist schließlich eine Frage des klugen Umgangs mit den Karten, die das Leben uns zuteilt. Wirklich gute Kartenspiele sind dem Leben nachempfunden: Es genügt nicht einfach, ein gutes Blatt zu haben, es will auch klug eingesetzt werden. Und man kann mit einigem Geschick auch schlechte Karten so ausspielen, dass sie einem Vorteile bringen.

Glück ist nicht das, was passiert, sondern das, was wir aus dem machen, was passiert. Zweifellos gibt es Katastrophen, die unser Lebensglück erheblich beeinträchtigen. Aber die sind – Gott sei Dank! – selten. Über diese seltenen Fälle hinaus ist Glück aber kein Zufall, sondern eine Kunst.

Wir können nicht die Richtung bestimmen, aus der der Wind weht.
Aber wir können die Segel richtig setzen.

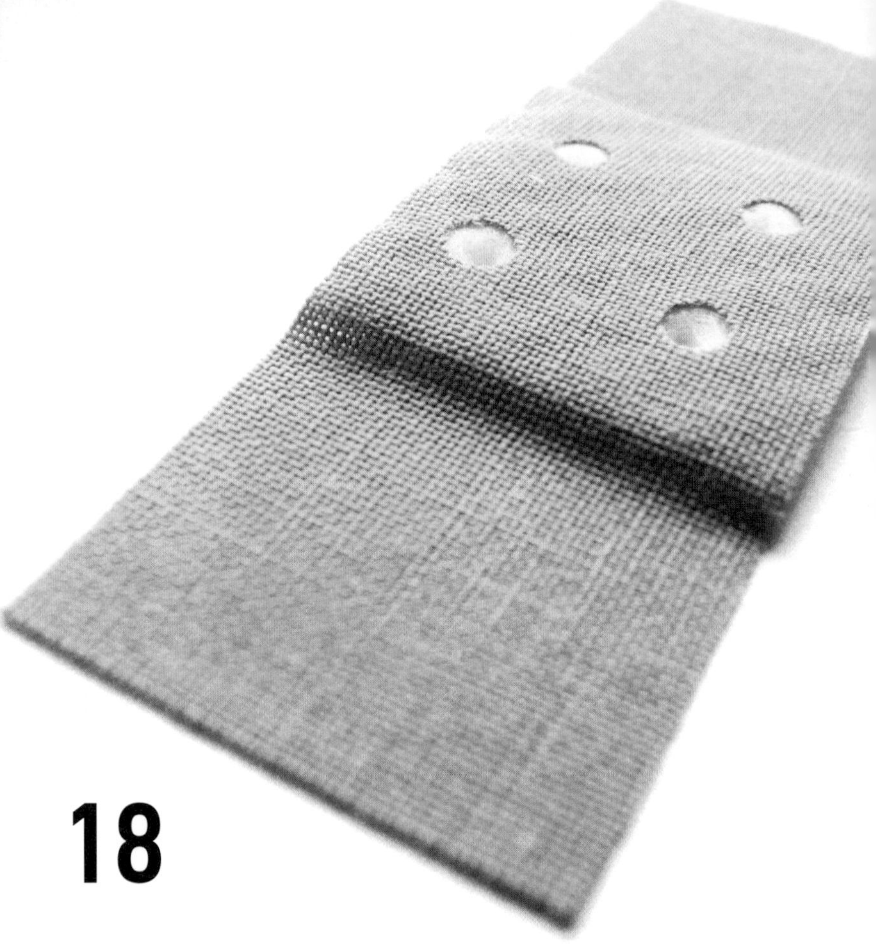

18

SCHMERZ IST UNVERMEIDBAR, UNGLÜCKLICHSEIN EINE WAHL.

„Shit happens." Auch einen glücklichen Menschen kann Leid und Unglück treffen. Die Erfahrung von Angst, Trauer, Schmerz ist im Leben leider normal. Es gibt kein Licht ohne Schatten, keinen Tag ohne Nacht, keine Freude ohne Schmerz. Zum Glücklichsein gehört es, diese Polarität des Lebens anzuerkennen. Nur so nehmen wir die Fülle des Lebens an – das Fröhliche und das Traurige, das Schöne und das Unschöne. So paradox es klingt: Zum Glücklichsein gehört, dass wir auch zulassen, hin und wieder unglücklich zu sein.

Das ist die eine Seite der Medaille. Auf der anderen Seite gehen wir oft völlig falsch mit negativen Erfahrungen um und verharren dadurch viel länger als nötig in einer Haltung des Unglücklichseins. Wir dramatisieren Situationen, steigern uns in den Schmerz hinein, entwickeln einen Tunnelblick und bemitleiden uns selbst. Zum Glücklichsein gehört darum auch ein angemessener Umgang mit Unglück und Leid:

- Erfahrungen des Unglücklichseins müssen wir annehmen. Wenn wir sie verdrängen oder überspielen, kommen sie nur später mit geballter Wucht zurück. Schmerz gehört zum Leben dazu. Darum ist es auch in Ordnung, wenn wir mal richtig „Luft ablassen", uns ausheulen und ab und zu auch ein wenig (!) jammern.

- Es ist aber auch wichtig, dass wir uns nicht allzu lange in unserem Schmerz suhlen. Manche Wunde in unserem Leben heilt deswegen nicht, weil wir nicht aufhören wollen, daran zu lecken. Gönnen Sie Ihrer Seele eine gewisse „Trauerzeit" – und dann schauen Sie nach vorne!

- Vergessen Sie auch nicht, um sich zu schauen. Manchmal sind wir derart von einer unglücklichen Erfahrung gebannt, dass wir darüber aus dem Blick verlieren, wie viel Grund zur Dankbarkeit und Freude wir haben.

- Schließlich hängt vieles davon ab, dass wir es lernen, unserem Schmerz bzw. der Unglückserfahrung eine konstruktive Perspektive zu geben. Hilfreiche Fragen dazu könnten sein: „Was kann ich daraus lernen?", „Inwiefern kann mir meine jetzige Situation auch helfen?" oder „Jetzt, wo mir das nun einmal passiert ist: Wie kann ich das Beste daraus machen?"

„Das Glück ist unsere Mutter, das Unglück unser Erzieher."
Charles de Montesquieu

JEDER TAG IST UNS GESCHENKT, GLÜCK ZU SÄEN UND GLÜCK ZU ERNTEN.

19

Es war einmal ein König, der übers Land fuhr und dabei auf drei arme Bauern traf. Die drei taten ihm leid, sodass er jedem von ihnen zehn große Säcke voller Weizen schenkte. Der erste Bauer nahm den Weizen und buk daraus jeden Tag Brot und Kuchen. Ein ganzes Jahr lang hatte er im Überfluss zu essen und ließ es sich gut gehen. Der zweite aber nahm allen Weizen und säte ihn um besserer Zeiten willen auf sein Feld. Der dritte Bauer hingegen nahm die eine Hälfte des Weizens, um daraus Brot zu backen. Die andere Hälfte des Weizens aber säte er auf seinen Acker.
Nach einem Jahr war der erste Bauer wieder so arm wie zuvor. Da er zwischenzeitlich aber gut gelebt hatte, fühlte er sich erbärmlicher denn je. Der zweite Bauer erlebte die Zeit der Ernte nicht, auf die er hingearbeitet hatte, denn er war in der Zwischenzeit verhungert.
Der dritte aber hatte jeden Tag sein Auskommen. Außerdem fuhr er eine gute Ernte ein und konnte seinen Wohlstand im Lauf der Zeit immer weiter mehren.

Manche Menschen leben, als gäbe es kein Morgen mehr. Andere hingegen tun so, als gäbe es nur ein Morgen. Die einen säen nicht; die andern hingegen säen nur und vergessen dabei, auch zu ernten. Die Kunst des Glücklichseins aber besteht darin, jeden Tag beides zu tun: zu säen UND zu ernten.
Betrachten Sie jeden Tag als Zeit der Aussaat: Bedenken Sie, dass Sie mit nahezu allem, was Sie sagen oder tun, die Saat dafür legen, ob Sie später glücklich oder unglücklich sein werden. Jedes unserer Worte und jede unserer Taten hat nicht nur kurzfristige, sondern auch langfristige Folgen.
Betrachten Sie jeden Tag aber auch als Zeit der Ernte: Konzentrieren Sie sich auf die Aussaat von Glück, doch vergessen Sie dabei das Ernten nicht! „Carpe diem" – pflücke den Tag –, sagen die Lateiner. Die Kunst ist es, an seinem langfristigen Glück zu arbeiten, währenddessen aber die vielen schönen Glücksmomente auszukosten, die das Leben uns bereitet. Langfristiges Glück braucht ein solides Fundament. Aber jeder Tag, an dem wir uns nicht am Schönen erfreut haben, war kein guter.
Gott sei Dank schließen sich das kurzfristige Glück vom „Typ A" und das langfristige Glück vom „Typ B" nicht aus. Machen Sie es wie der kluge Bauer aus unserer Geschichte: Er investiert die eine Hälfte seines Weizens in sein zukünftiges Glück. Und genießt die andere Hälfte als Geschenk des Lebens hier und heute.

„Menschen, die nach immer größerem Reichtum jagen, ohne sich jemals Zeit zu gönnen, ihn zu genießen, sind wie Hungrige, die immerfort kochen, sich aber nie zu Tisch setzen." Marie von Ebner-Eschenbach

GLÜCK IST KEINE GLÜCKSSACHE.

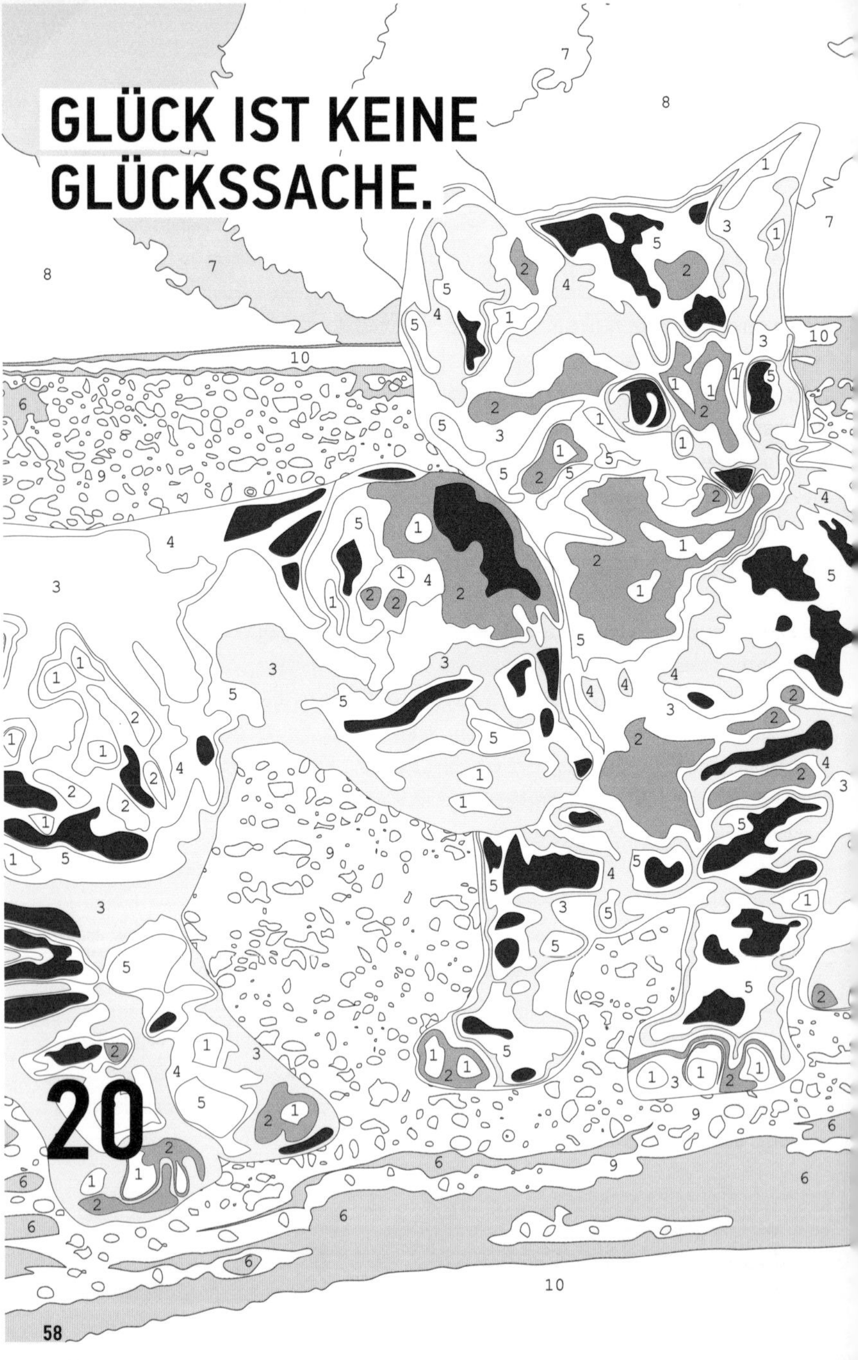

20

Ich hege ein tiefes Misstrauen gegen das bekannte Sprichwort: „Jeder ist seines Glückes Schmied." Dieser Satz ist äußerst unbarmherzig. Sagen Sie das mal einem Menschen, der gerade ohne eigenes Verschulden etwas Schreckliches erfahren hat. Oder jemandem, der im Grunde genommen alles richtig macht, aber dann einfach Pech hat.

In der Bibel erleidet beispielsweise Hiob trotz aller Frömmigkeit und Rechtschaffenheit furchtbares Unglück. Hiobs „Freunde" versuchen ihm die ganze Zeit einzureden, er sei selbst schuld an seinem Schicksal. Er solle seine Einstellung und Handlungen ändern, dann würde alles besser. Im Grunde sagen sie genau das: „Jeder ist seines Glückes Schmied." Doch dieser Satz ist – wenn man ihn absolut setzt – einfach nicht wahr. Er rechnet nicht mit der prinzipiellen Unverfügbarkeit des Lebens (im Guten wie im Schlechten).

Das Sprichwort ist eine jener Lügen, die auf Teilwahrheiten basieren, und deshalb schwer zu durchschauen sind. Auf der einen Seite können wir natürlich einiges zu unserem Glück tun – vieles, was Sie in diesem Buch hier lesen, läuft genau auf diese These hinaus. Langfristiges Glück fällt uns nicht einfach in den Schoß. Und durch Nichtstun ist noch kein Mensch dauerhaft glücklich geworden. Auf der anderen Seite kann ein Mensch bienenfleißig alle Regeln des Glücks befolgen und trotzdem Pech haben. Auch wenn wir einiges dazu tun können: Letzten Endes ist Glück immer ein Geschenk.

Das ist die Paradoxie: Glück ist weder machbar noch fällt es einfach vom Himmel.

Die Wahrheit liegt vielmehr in der Mitte: Glück ist eine Kunst. Jede Kunst erschafft etwas Schönes aus einer begrenzten Anzahl von zur Verfügung stehenden Mitteln – etwa den Farben auf einer Palette oder den Tönen auf einem Instrument. „Kunst" kommt bekanntlich von „Können". Die Kunst des Glücks besteht darin, aus den Mitteln, die uns das Leben zur Verfügung stellt, das Beste zu machen. Jeden Tag Glück zu säen und Glück zu ernten – und Gott dabei dankbar zu sein, dass er uns die Fähigkeit gegeben hat, das eine wie das andere zu tun.

Glück muss man nicht HABEN. Glück muss man KÖNNEN.
Glück kann man zwar nicht MACHEN. Und doch müssen wir etwas dazu TUN.

2

TEIL 2: DIE ZEHN SÄULEN DES GLÜCKS

Ein kluger Mensch, so sagte einst Jesus, baut sein Lebenshaus nicht auf Sand, sondern auf festen Grund. Langfristiges Glück – so könnte man den ersten Teil dieses Buches zusammenfassen – braucht ein solides Fundament. Im zweiten Teil möchte ich nun ausführen, wie dieses Fundament aussehen kann.

Meine Grundthese ist, dass das menschliche Glück auf zehn Säulen basiert. Viele Menschen bauen ihr Lebensglück aber nur auf zwei oder drei dieser Säulen auf. Wenn ihnen dann eine davon aus irgendeinem Grund wegbricht (was immer mal passieren kann), gerät alles aus den Fugen.

Es ist von entscheidender Bedeutung, dass wir das Fundament unseres Lebensglücks möglichst breit anlegen. Gewiss gelingt es keinem Menschen, alle zehn Säulen in gleichem Maße zu errichten. Das ist zwar nicht ideal, aber doch völlig normal. Stellen Sie sich einen großen Tisch mit zehn Beinen vor. Er wird auch auf sieben oder acht Beinen immer noch sicher stehen. Je weniger es allerdings werden, desto wackliger wird er und umso geringeren Belastungen von außen hält er stand.

Die Reihenfolge, in der ich Ihnen die zehn Säulen im Folgenden vorstelle, sagt übrigens nichts über ihre Wichtigkeit aus. Jede der genannten Säulen ist bedeutsam. Und egal, wo Sie anfangen: Durch jede zusätzliche Säule, mit der Sie Ihr Lebensglück untermauern, gewinnt Ihr Leben an Freude und Qualität.

WIR SIND FÜR UNSER GLÜCK UND UNGLÜCK SELBST VERANTWORTLICH.

21

Vielleicht provoziert Sie das. Gerade noch habe ich behauptet, es stimme eben nicht, dass jeder Mensch seines Glückes Schmied ist. Aber wenn Glück wirklich von innen und nicht von außen kommt, gibt es in der Tat nur einen einzigen Menschen, der Sie dauerhaft glücklich oder unglücklich machen kann – und das sind Sie selbst.

- Vielleicht fühlen Sie sich unglücklich, weil Ihr Chef Sie gestern heruntergeputzt hat. Doch das Problem ist letztlich nicht, was Ihr Chef über Sie denkt, sondern was SIE über sich denken.
- Vielleicht meinen Sie, dass Ihr Partner nicht genügend auf Ihre Bedürfnisse eingeht. Vielleicht haben Sie recht. Aber kein Mensch hat Sie gezwungen, sich genau diesen Partner auszuwählen, oder?
- Zweifellos gibt es Unglücksfälle, für die Sie nichts können. Und doch sind Sie auch hier verantwortlich in dem Sinne, dass es an Ihnen liegt, wie Sie darauf antworten bzw. reagieren: Ob Sie sich dauerhaft ins Unglücklichsein zurückziehen oder ob Sie, wenn der Schmerz etwas abgeklungen ist, das Heft wieder in die Hand nehmen und sich für das Leben entscheiden.

Hören Sie auf, andere Menschen für Ihr Unglück verantwortlich zu machen! Andere können Ihnen zwar Schmerzhaftes zufügen, doch wie stark Sie das an sich heranlassen, liegt zum guten Teil an Ihnen. Wenn Sie darüber dauerhaft in einer Haltung des Unglücks verharren, ist das Ihre eigene Wahl.

Hören Sie aber auch auf, andere für Ihr Glück verantwortlich zu machen. Es ist nicht Aufgabe Ihres Partners, Ihrer Kinder oder irgendeines anderen Menschen, Sie glücklich zu machen. Das ist Ihre ureigenste Verantwortung, die Ihnen niemand abnehmen kann und darf. Ein anderer Mensch kann unser Glück wohl vermehren, nicht aber herbeiführen. So paradox es klingt: **Man kann nur Menschen glücklich machen, die bereits glücklich sind.**

Gewöhnen Sie es sich ab, die Verantwortung für Ihr Glück oder Unglück auf andere zu schieben. Nur wir selbst sind für unser Glück oder Unglück verantwortlich. Für manche ist das eine schmerzhafte Erkenntnis. Aber auch hier liegt es an uns, diesen Schmerz zu verwandeln. Für unser Glücksempfinden ist es ein großer Unterschied, ob wir sagen: „Oh Gott, jetzt soll ich auch noch selbst daran schuld sein, dass ich so unglücklich bin (und gleich noch unglücklicher werde)!“ Oder ob wir innerlich antworten: „Es liegt in meiner Verantwortung, glücklich zu werden, darum packe ich es an!“

„Der Geist, der sich gewöhnt, seine Freuden aus sich selbst zu schöpfen, ist glücklich.“ Demokrit

WER GLÜCKLICH SEIN WILL, MUSS RAUS AUS DER OPFERHALTUNG.

22

Hören Sie auf, anderen Menschen die Schuld dafür zu geben, wenn in Ihrem Leben etwas nicht klappt! Sie übersehen dabei nicht nur Ihre Eigenanteile und lernen also nichts, sondern machen sich vor allem zum Opfer. Die Verantwortung für Ihre missliche Lage haben Sie zwar auf andere abgewälzt und Ihrer wunden Seele dadurch etwas Entlastung verschafft. Aber Sie zahlen einen hohen Preis dafür, nämlich den Ihrer Selbstachtung.

Indem wir anderen die Verantwortung für die unangenehmen Seiten unseres Lebens zuschreiben, manövrieren wir uns in die Position eines Lammes, das zur Schlachtbank geführt wird: Es sind in unseren Augen die anderen, die handeln – wir hingegen leiden. Je intensiver wir eine solche Sicht vom Leben entwickeln, desto mehr untergraben wir unser Selbstwertgefühl. Mag sein, dass es für einen Moment lang Linderung verschafft, wenn wir die Schuld für die unschönen Seiten unseres Lebens anderen zuschieben können. Aber der langfristige Schaden ist enorm. Sich als Opfer zu fühlen, schafft vielleicht Befriedigung, aber kein Glück.

„Wem wir die Schuld geben, dem geben wir die Macht." Bodo Schäfer

Wenn Sie langfristig glücklich sein wollen, müssen Sie an dieser Stelle die Reißleine ziehen! Sie müssen die Opferhaltung verlassen und das Heft Ihres Lebens wieder selbst in die Hand nehmen. Machen Sie deshalb nicht andere für Ihr Lebensgefühl verantwortlich. Wir sind keine passiven Lämmer. Im Gegenteil: In nahezu allem, was uns widerfährt, sind wir aufgerufen, aktiv zu werden und zu handeln.

Stellen Sie sich jedes Mal, wenn Sie sich als Opfer fühlen, vor den Spiegel, schauen Sie sich in die Augen und sprechen folgende Worte:

- „Ich höre auf, die Schuld bei anderen zu suchen."
- „Ich steige aus der Opferhaltung aus."
- „Ich übernehme Verantwortung für mein Leben."
- „Ich höre auf zu jammern, sondern handle."

GLÜCKLICH IST, WER GELERNT HAT, SEIN LEBEN ZU FÜHREN.

23

Ein Freund von mir sagt oft den Satz: „Du hast im Leben die Wahl, ob du Hammer sein willst oder Amboss." Er strotzt geradezu vor Lebensenergie, und es besteht kein Zweifel, dass er für sich den Entschluss gefasst hat, lieber der „Hammer" zu sein.

Das ist durchaus nachvollziehbar, denn sich selbst als Amboss zu erleben ist nicht besonders glücksfördernd. Manche arrangieren sich vielleicht mit ihrer Opferrolle, aber sie tut niemandem gut. Glück beginnt tatsächlich dort, wo wir anfangen zu handeln und wo wir mehr agieren als reagieren. Aber so einleuchtend es klingt, lieber „Hammer" statt „Amboss" zu sein, es bringt auch Probleme mit sich. Wer sich selbst als Hammer versteht, macht leicht andere zum Amboss. Und ob das der Weisheit letzter Schluss ist? Vor allem ist er nur scheinbar aktiv und selbstbestimmt, denn genau betrachtet, bekommt er von unten die gleichen Schläge ab wie der Amboss von oben. Ich jedenfalls wäre lieber der Schmied.

Der Schmied bestimmt, wann und wozu er welches Werkzeug einsetzt, an welchem Werkstück er arbeiten will und wie es letztlich aussehen soll. Er denkt von der Zukunft her und gestaltet von dieser Zukunft das Hier und Jetzt. Der Schmied führt sowohl den Hammer als auch den Amboss. Und ist damit glücklicher als beide.

Die Kunst, unser Leben zu führen, lernen wir nicht von heute auf morgen. Viele Menschen erlernen sie nie. Manche lassen das Leben einfach laufen und reagieren lediglich auf das, was passiert. Andere verfallen in Aktionismus und hämmern einfach drauflos. Doch die Meisterschaft besteht darin, unter den gegebenen Umständen vom gewünschten Ziel her seine Werkzeuge optimal einzusetzen. Darum: Steigen Sie aus der Amboss-Rolle aus! Versteifen Sie sich aber auch nicht darauf, immer nur der Hammer zu sein. Seien Sie wie der Schmied, der sein Werkzeug klug einsetzt. Seien Sie ein Meister des Lebens.

Wenn Sie glücklich sein wollen: FÜHREN Sie Ihr Leben!

WENN DU JEMANDEN UNGLÜCKLICH MACHEN WILLST, SCHICK IHN INS SCHLARAFFENLAND.

24

Stellen Sie sich vor, jemand bietet Ihnen 100 Millionen Euro an – jetzt, hier und sofort. Die einzige Bedingung ist: Sie dürfen nie wieder arbeiten oder sich anderweitig anstrengen. Den Rest Ihres Lebens dürfen bzw. müssen Sie relaxen, Urlaub machen, das Leben genießen. – Würden Sie dieses Angebot annehmen?

Vielleicht denken Sie: „Himmlisch – ein Leben lang Urlaub!" Doch genau das ist der Haken. Was sich für ein paar Wochen im Urlaub traumhaft anfühlt, ist übertragen auf das ganze Leben alles andere als schön. Ja, es macht Menschen unglücklich und krank. Als „Mallorca-Syndrom" bezeichnen Psychologen eine Form von Depression, die verstärkt bei den Reichen und Schönen im sechzehnten deutschen Bundesland vorkommt. Urlaub machen können ist wunderbar. Urlaub machen müssen hingegen kann zur Hölle werden. Denn es bedeutet ja, die eigenen Kräfte brach liegen zu lassen und darauf zu verzichten, andere mit unseren Fähigkeiten zu beschenken, mit interessanten Leuten zusammenzuarbeiten, Erfolge miteinander zu feiern, Höhen und Tiefen zu meistern und die Nähe zu erleben, die hierdurch zwischen Menschen entsteht.

Als Kinder haben wir alle vom Schlaraffenland geträumt, wo es Kuchen und Limonade bis zum Abwinken gibt und einem die gebratenen Tauben in den Mund fliegen. Doch das Schlaraffenland ist eine ziemlich tückische Angelegenheit. Weder machen wir dort die Erfahrung der eigenen Stärken und Fähigkeiten, noch erleben wir das schöne Gefühl, gebraucht zu werden oder die Freude, ein Hindernis überwunden oder eine Herausforderung bewältigt zu haben. Mit alledem aber nehmen wir uns eine erhebliche Quelle des Glücks (und versauen uns ganz nebenbei unseren Charakter).

Selbst das biblische Paradies war kein Schlaraffenland. Gott gab Adam und Eva den Auftrag, den Garten Eden zu bebauen und zu bewahren. Von sinnloser Maloche ist da nicht die Rede, wohl aber von sinnvoller, konstruktiver Arbeit. Die macht nämlich nicht unglücklich, sondern glücklich. Es ist ein echter Glücksmoment, wenn wir sagen können: „Ich werde gebraucht" oder: „Das habe ich mir erarbeitet, das habe ich mir verdient", und es stärkt – ganz nebenbei – unser Selbstwertgefühl. All das gibt es im Schlaraffenland nicht. Grund genug, einen großen Bogen darum zu machen.

„Glück liegt in der Freude des Erreichten und im Erlebnis der kreativen Bemühungen." Franklin D. Roosevelt

GLÜCK IST EINE ÜBERWINDUNGSPRÄMIE.

25

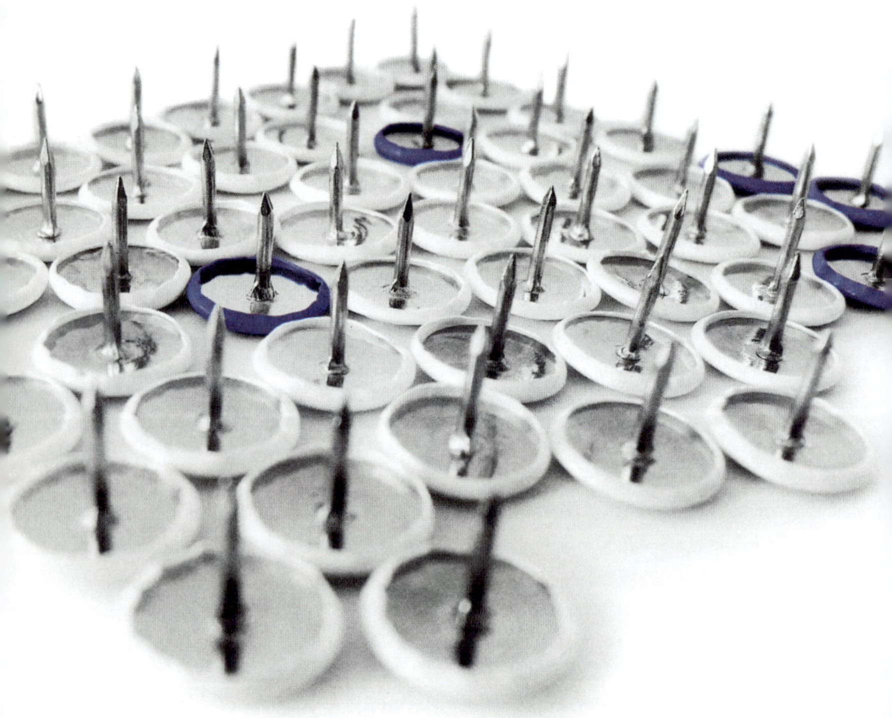

Ein Hund liegt auf dem Boden und jault leise vor sich hin. Jemand fragt den Besitzer: „Warum jault Ihr Hund denn so jämmerlich?" Der antwortet: „Weil er auf einem Nagel sitzt." – „Aber", fragt der andere, „warum steht der Hund denn nicht einfach auf und legt sich woanders hin?" – „Das liegt daran", antwortet der Besitzer, „dass der Nagel zwar so unangenehm ist, dass der Hund jault. Aber er ist nicht so unangenehm, dass er seinen Hintern hochheben und ein paar Schritte weiter gehen würde!"

Einer der schlimmsten Glückskiller ist unsere Lethargie. Unzählige Menschen verharren in einem Zustand schleichender Unzufriedenheit, weil sie sich nicht aufraffen können, etwas zu tun. Irgendetwas drückt und bohrt, sodass sie unzufrieden sind und mehr oder minder leise jammern. Aber der Schmerz ist nicht groß genug, um etwas daran zu ändern. Schließlich haben sie sich ja an ihrem Platz gut eingerichtet. „Und wer weiß, wenn ich ein paar Schritte weiter gehe, was für Nägel da auf mich warten – wahrscheinlich noch viel schlimmere! Da bleibe ich doch lieber auf dem Nagel sitzen, den ich kenne."

Wir werden kein dauerhaftes Glück erfahren, solange wir nicht bereit sind, aufzustehen und es in die eigene Hand zu nehmen. Glück ist eine Überwindungsprämie. Es hat etwas damit zu tun, dass wir die eigene Trägheit überwinden. Wenn wir das Glück einer gelungenen Prüfung erfahren wollen, müssen wir dafür büffeln. Wenn wir das Glück erleben wollen, 20 Kilo weniger zu wiegen, müssen wir unseren „inneren Schweinehund" überwinden und Sport treiben. Selbst eine beglückende Beziehung fällt uns nicht einfach in den Schoß. Wer nicht bereit ist, sich dafür immer wieder zu engagieren, darf sich nicht wundern, wenn er das Glück einer gelingenden Liebe niemals erfährt.

Auch wenn wir alle gern mal faul sind, gilt auf die Gänze des Lebens: Die Vermeidung von Anstrengung macht langfristig unglücklich. Dünne Bretter zu bohren ist zwar leicht, macht aber auf Dauer keinen Spaß. Sicherlich gibt es auch sinnlose Anstrengung. Aber **Mühe, die wir in sinnvolle Ziele investieren, verwandelt sich im Lauf der Zeit in Glück.**

„Alles, was dir vor die Hände kommt, es zu tun mit deiner Kraft, das tu."
Prediger Salomo

„ERWACHSENES“ GLÜCK EREIGNET SICH IN EINEM KREISLAUF VON GEBEN UND NEHMEN.

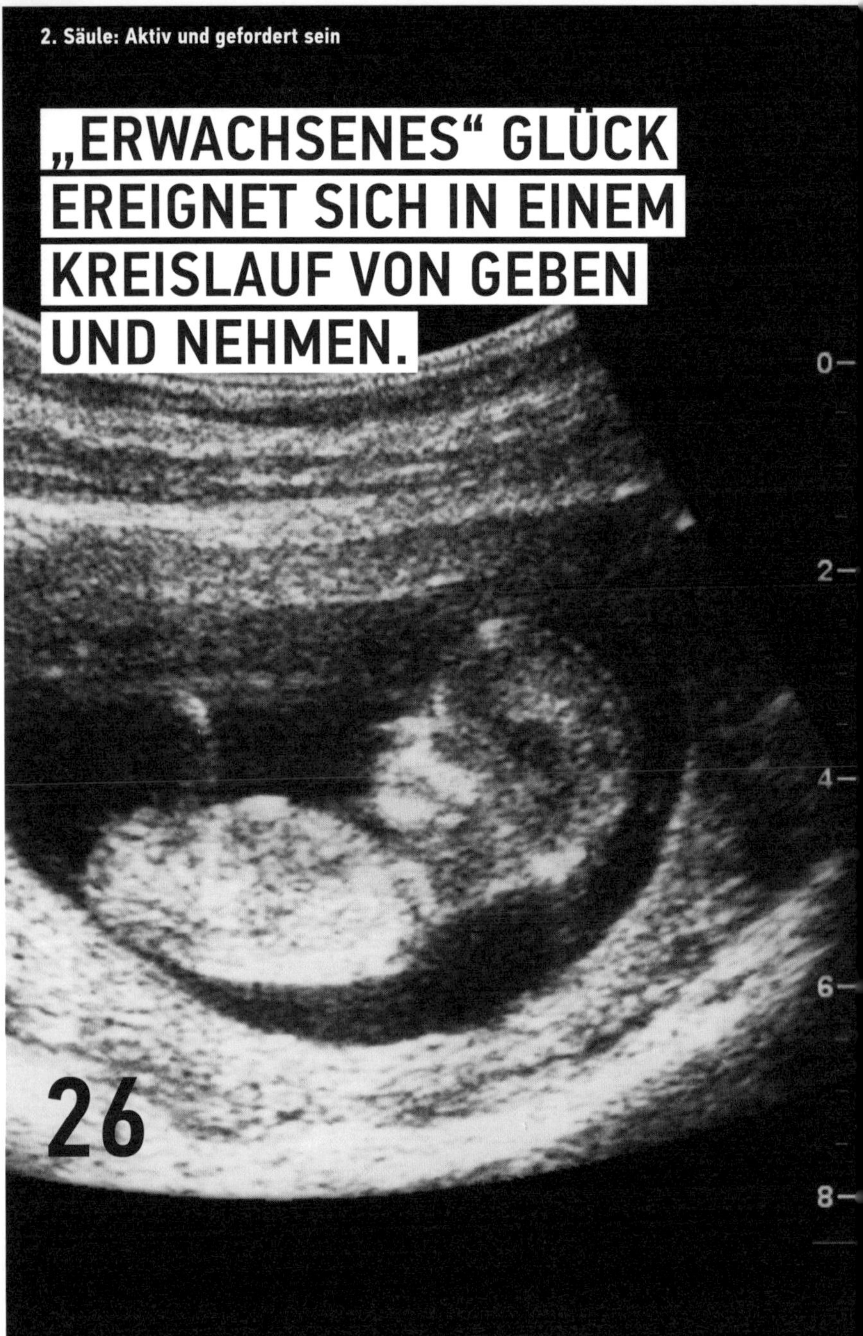

Unser Urbild von Glück stammt offensichtlich aus jener Zeit, als wir noch warm und weich im Mutterleib schwebten. Es war das passive Glück eines Embryos, der ganz und gar auf die Rundum-Versorgung der Mutter angewiesen war.

Mit unserer Geburt war es dann plötzlich vorbei mit dieser wunderbaren Geborgenheit. Unsere Nabelschnur wurde durchtrennt und je größer wir wurden, desto mehr mussten wir lernen, selbst für unser Glück zu sorgen. Das war zunächst einmal ein Schock. Aber im Lauf der Zeit lernten wir, diese neue Art zu leben durchaus als beglückend zu empfinden.

Manche Eltern versuchen, ihren Kindern das „Rundum-sorglos-Glück" möglichst lange zu erhalten, indem sie eine Art Käseglocke um sie herum bauen. Nach Möglichkeit nehmen sie ihnen alle Anstrengungen ab, erfüllen ihnen jeden Wunsch und räumen ihnen jedes Hindernis aus dem Weg. Merkwürdigerweise sind ihre Kinder deswegen keineswegs glücklich. Im Gegenteil: Sie wirken unausgeglichen und unzufrieden. Das hat einen einfachen Grund: Je erwachsener ein Mensch wird, desto weniger will er nur versorgt, sondern auch gefordert werden.

Wer mehr Glück konsumiert als produziert, macht auf Dauer nicht nur andere unglücklich, sondern auch sich selbst.

Das „erwachsene" Glück ist völlig anders geartet als das „Rundum-sorglos-Glück", das wir im Mutterleib empfanden. Es ereignet sich in einem Kreislauf von Geben und Nehmen. Dabei tritt das Geben bei alledem nicht an die Stelle des Nehmens, sondern an seine Seite. Erwachsenes Glück bedeutet nicht, nur noch aktiv und stark zu sein und immer nur zu geben. Es bedeutet aber auch nicht, immer nur schwach zu sein und von anderen etwas anzunehmen. Das erwachsene Glück liegt in der Mitte – in einem ausgewogenen Kreislauf von Geben und Nehmen. Überlegen Sie: Konsumieren oder produzieren Sie mehr Glück? Wie auch immer Ihre Antwort ausfällt: Werfen Sie etwas in die andere Waagschale!

GLÜCK BRAUCHT EIN GESUNDES SELBSTBEWUSSTSEIN.

27

Wer sich selbst gering schätzt, wird niemals dauerhaft glücklich sein. Was nützen uns alles Geld, der tollste Beruf und die wunderbarste Partnerschaft, wenn wir bei alledem von Minderwertigkeitsgefühlen geplagt sind? Selbst wenn wir all dies hätten (was allerdings nicht sehr wahrscheinlich ist), könnten wir uns nicht von Herzen daran freuen.

Vielleicht denken Sie: „Ja, wenn ich all diese schönen Dinge hätte, dann hätte ich auch ein entsprechendes Selbstbewusstsein." Doch das ist, wie alle einschlägigen Untersuchungen zeigen, ein Irrtum. Es ist vielmehr umgekehrt: Mit einem gesunden Maß an Selbstbewusstsein haben Sie sehr viel höhere Chancen, sowohl beruflich wie auch privat zu punkten.

Allerdings dürfen wir Selbstbewusstsein nicht mit Arroganz verwechseln. Arrogante Menschen beziehen ihr Selbstwertgefühl daraus, dass sie andere Menschen als minderwertig behandeln. Gesundes Selbstbewusstsein hingegen hat es nicht nötig, andere Menschen klein zu machen, um sich selbst als gut und liebenswert zu empfinden. Im Gegenteil: Wer wirklich selbstbewusst ist, kann andere in seiner Umgebung problemlos groß sein lassen.

Selbstbewusstsein ist dann „gesund“, wenn es nicht auf Kosten anderer geht. Ein selbstbewusster Mensch weiß um beides: um seine Stärken und um seine Schwächen. Wer seine Stärken kennt und diese auch nutzt, hat eine solide Grundlage für das tief beglückende Gefühl: „Ich bin gut. Gott hat mich wunderbar gemacht.“ Wer außerdem noch seine Schwächen kennt, wird davor bewahrt, dabei „abzuheben“. Er geht barmherziger mit den Schwächen seiner Mitmenschen um. Außerdem weiß er, wo er auf Hilfe und Ergänzung durch andere angewiesen ist, und kann so im Zusammenspiel mit ihnen sein eigenes Potenzial noch besser entfalten.

Einem selbstbewussten Menschen dienen selbst die eigenen Schwächen zum Glück.

DAS TIEFSTE GLÜCK IST ES, EINE „INNERE BURG“ ZU HABEN.

28

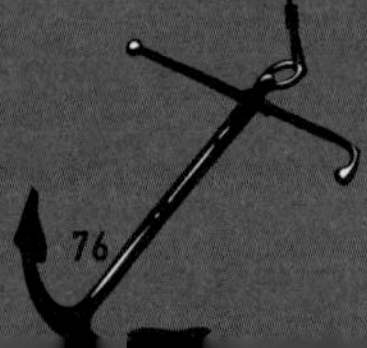

Von der christlichen Mystikerin Teresa von Avila stammt der schöne Ausdruck von der „inneren Burg", einem inneren Zufluchtsort, in den wir uns in jeder Lebenslage zurückziehen können und wo wir uns geschützt, gesichert und geborgen wissen. Das Problem sei, schreibt Teresa, dass die Menschen sich ständig außerhalb ihrer Burg herumtreiben. In Zeiten äußerer Not und Bedrängnis fänden sie dann den Weg nach innen nicht mehr.

Vor vielen Jahren beeindruckte mich einer meiner Lehrer, als er davon erzählte, wie er diese „innere Burg" erfährt: „Immer, wenn es bei mir drunter und drüber geht und die Wellen in mein Lebensboot schlagen, finde ich Zuflucht im Gebet. Es ist nicht die übliche Art von Bittgebet, sondern ein sich Hinein-Bergen in Gott. Ich atme tief, komme zur Ruhe und werde erfüllt von einem tiefen Frieden, der mich in die Lage versetzt, der tobenden Welt da draußen gelassen entgegenzutreten."

Ich dachte mir: „Wow – solch einen inneren Rückzugsort wünsche ich mir auch!" Seitdem ich mich mit Teresa von Avila und anderen Mystikern beschäftigt habe, weiß ich, dass es diese innere Burg tatsächlich gibt. Wir müssen jedoch in guten Zeiten anfangen, diesen Kontakt mit unserem Innersten aufzubauen und zu pflegen. In bewegten Zeiten besteht sonst tatsächlich die Gefahr, dass wir den Weg dahin nicht mehr finden.

Im Innersten dieser Burg, davon bin ich überzeugt, wartet Gott auf uns. Wir reden gern davon, dass ein Mensch „seine Mitte gefunden" hat oder „in sich selbst" ruht. Das stimmt letzten Endes nicht. Natürlich kann ein Mensch durch mentale Übungen, körperliche Betätigung oder Atemtechniken innerlich ruhiger werden. Aber das hilft nur bis zu einem gewissen Punkt. Zur Ruhe finden ist eines. Die eigene Mitte erspüren ein Weiteres. Mit Gott in Kontakt kommen jedoch ist eine noch viel tiefere und beglückendere Erfahrung.

Letztlich kann ein Mensch nicht in sich selbst ruhen, so wenig wie ein Schiff sich in sich selbst verankern kann.

Wir müssen lernen, durch die verschiedenen Schichten unseres Ichs hindurchzustoßen, bis zu jenem Punkt, an dem wir realisieren, dass Gott uns näher ist als wir uns selbst. Gleichzeitig bleibt er der ganz Andere, der Urgrund allen Seins. Er existiert sowohl innerhalb als auch außerhalb von uns. Weil dem so ist und weil Gott eben nicht nur ein Teil von uns ist, können wir uns in ihm verankern. Glücklich ist, wer in guten Tagen den Zugang zu seiner „inneren Burg" findet. Der findet auch in schwierigen Tagen Frieden.

WER DAUERHAFT GLÜCKLICH SEIN WILL, MUSS SICH VON BEIFALL UND KRITIK UNABHÄNGIG MACHEN.

29

Die meisten Menschen machen sich in gefährlicher Weise abhängig von der Anerkennung anderer. Sie gieren nach Zustimmung und Komplimenten und würden fast alles dafür tun, um die Bewunderung ihrer Mitmenschen zu gewinnen. Durch jede noch so kleine Kritik fühlen sie sich am Boden zerstört. Darum passen sie ihr Leben mehr und mehr an die Erwartungen anderer an. Aus Sehnsucht nach Liebe und Annahme verzichten sie darauf, ihr eigenes Leben zu leben.

Überlegen Sie:

- Was alles tun Sie einzig aus dem Grund, weil andere Menschen es von ihnen erwarten?

Und umgekehrt:

- Wie vielen völlig legitimen Wünschen kommen Sie allein deswegen nicht nach, weil Sie die Kritik der Menschen in Ihrer Umgebung fürchten?

Wir können aber ohnehin nie die Erwartungen aller erfüllen. Egal, was wir sagen oder tun: Es wird immer Menschen geben, die das mögen, und andere, die es nicht mögen. Machten wir das Gegenteil, würden sich nur die Rollen ändern, nichts aber an der Tatsache, dass wir immer Befürworter und Kritiker haben werden. Wer also ernsthaft darauf aus ist, dass alle ihm zustimmen bzw. keiner ihn kritisiert, wird niemals glücklich werden.

Sicher: Wer sich völlig gegen das Urteil anderer Menschen immunisiert, wird auf Dauer zum Autisten, der nur in seiner Innenwelt lebt. Doch wir dürfen uns auch nicht von Applaus und Kritik unserer Mitmenschen manipulieren oder steuern lassen.

Eine große Hilfe für das rechte Maß bietet uns jene „innere Burg“, von der im letzten Kapitel die Rede war. Wer sich von Gott geliebt weiß oder anderweitig seine Mitte gefunden hat, braucht nicht mehr um jeden Preis um die Anerkennung seiner Mitmenschen zu buhlen. Natürlich tut sie ihm gut, aber er ist nicht davon abhängig. Und genauso wird ihn Kritik nicht einfach umwerfen, denn er hat einen Ruhepunkt gefunden, der ihn in die Lage versetzt, mit berechtigter wie unberechtigter Kritik adäquat umgehen zu können. Er kann sich über die Zustimmung anderer freuen, ohne zum Anerkennungs-Junkie zu werden.

Glücklich ist, wer zuerst Gottes Erwartungen, dann seine eigenen und erst zuletzt die Erwartungen anderer Menschen erfüllt.

EIN SELTSAMER SPAZIERRITT

Nach Johann Peter Hebel

Ein Mann ritt auf seinem Esel nach Hause und ließ seinen Sohn zu Fuß nebenher laufen. Da kam ein Wanderer des Wegs und sprach: „Das ist nicht recht, dass du als Vater reitest und deinen Sohn laufen lässt; du bist doch viel stärker!" Das leuchtete dem Vater ein. Er stieg vom Esel herab und ließ seinen Sohn reiten.

Da kam wieder ein Wandersmann und sagte: „Das ist nicht recht, Junge, dass du reitest und deinen Vater zu Fuß gehen lässt. Du hast die jüngeren Beine." Auch das erschien dem Vater einleuchtend. Darum setzten sich beide auf den Esel und ritten eine Strecke.

Ein dritter Wandersmann kam und sprach: „Was ist das denn für eine Tierquälerei – zwei Kerle auf einem schwachen Tier? Sollte man nicht einen Stock nehmen und euch beide von dem armen Esel herunterprügeln?" Da stiegen sie ab und gingen alle drei zu Fuß: rechts der Vater, links der Sohn und in der Mitte der Esel.

Da kam ein vierter Wandersmann und sagte: „Ihr seid drei merkwürdige Gesellen. Ist's nicht genug, wenn zwei zu Fuß gehen? Geht's nicht leichter, wenn einer von euch reitet?" Da band der Vater dem Esel die vorderen Beine zusammen, und der Sohn band ihm die hinteren Beine zusammen, sie zogen einen starken Baumpfahl durch, der an der Straße stand, und trugen den Esel auf den Schultern nach Hause.

„Everybody's Darling ist everybody's Depp." Franz-Josef Strauß

30

GLÜCK UND UNGLÜCK SIND EINE FOLGE DESSEN, WAS WIR GLAUBEN.

Wir alle haben im Lauf unseres Lebens ein System aus Urteilen und Überzeugungen aufgebaut, die zwar keineswegs bewiesen sind, für uns aber dennoch weit gehend feststehen. Auf diese Weise trägt jeder von uns ziemlich fest gefügte Vorstellungen in sich – über sich selbst, seine Mitmenschen bzw. das Leben überhaupt. Es gibt keinen Menschen, der gar nichts glaubt, denn der Großteil unserer Weltsicht basiert auf Glaubenssätzen.

Für unser Lebensgefühl sind dabei drei Dinge von entscheidender Bedeutung: erstens, ob diese Glaubenssätze wahr sind, zweitens, ob wir sie auch für wahr halten, und schließlich, ob sie nützlich für uns und andere Menschen sind.

Ob unsere Glaubenssätze wahr sind, können wir nie mit letzter Gewissheit sagen (sonst wären es keine Glaubenssätze). Trotzdem ist es gut, sie von Zeit zu Zeit einer gründlichen Überprüfung zu unterziehen, vor allem dann, wenn sie uns das Leben schwer machen: Stimmt denn wirklich, was wir da denken? Haben wir nicht auch ganz andere Erfahrungen gemacht? Und: Ist es nützlich, was wir da glauben? Macht es uns glücklicher oder unglücklicher? Hilft es uns, ein positives, erfülltes, nutzbringendes Leben zu führen, oder hindert es uns daran? Und nicht zuletzt: Haben auch andere Menschen etwas davon?

Zweifellos: Auch Menschen mit negativer Weltsicht haben manchmal recht. Wir müssen uns aber fragen, was wichtiger ist: recht zu behalten oder glücklich zu sein. Denn eines steht jedenfalls fest: Kein Mensch kann glücklich werden, der eine Vielzahl negativer Glaubenssätze verinnerlicht hat. Wer glücklich sein will, braucht ein zumindest einigermaßen positives Selbst-, Welt- und Menschenbild. Andernfalls wird er nie aus dem Sumpf negativer Gedanken und Gefühle herauskommen.

„Mag sein, dass der Pessimist genauso oft recht hat wie der Optimist. Aber der Optimist hat definitiv mehr Spaß."

Negative Glaubenssätze trüben unsere Seele ein. Positive Glaubenssätze hingegen hellen unsere Seele auf. Negative Gedanken tauchen selbst die positivste Realität ins Zwielicht und Dunkel. Positive Gedanken jedoch rufen nicht nur positive Gefühle hervor, sondern schaffen auch positive Realitäten.

DER GLAUBE AN GOTT MACHT NICHT AUTOMATISCH GLÜCKLICH.

31

Menschen, die an Gott glauben, gehören nachgewiesenermaßen zu den glücklichsten der Welt. Sie haben ein solides Glaubens- und Wertesystem, ein Ziel, für das es sich zu leben lohnt, ein stabiles Beziehungsnetz, das sie in Höhen und Tiefen ihres Lebens trägt, sowie eine Hoffnung, die über den Tod hinausreicht.

Menschen, die an Gott glauben, gehören aber auch zu den unglücklichsten der Welt, weil sie sich als Sünder fühlen, von einem schlechten Gewissen geplagt werden und Angst vor göttlicher Strafe haben. Nicht selten passen sie sich derart an die Erwartungen ihres Umfeldes an, dass ihre eigenen Wünsche und Träume dabei auf der Strecke bleiben.

Glaube kann glücklich, aber auch sehr unglücklich machen. Diesen Widerspruch möchte ich kurz begründen:

- Zum einen macht Glaube nicht glücklich, solange wir ihn nur halbherzig betreiben. Es ist ähnlich wie bei einer Partnerschaft: Wenn wir uns nicht ganz darauf einlassen, können wir es im Grunde gleich sein lassen. Ein halbherziger Glaube bleibt – wie eine halbherzige Liebe – letzten Endes kraft-, freud- und glücklos. Nur halb christlich macht tatsächlich ganz und gar unzufrieden.
- Zum andern picken sich viele Menschen oft genau jene Glaubensinhalte heraus, durch die sie in ihrer ohnehin schon vorhandenen Weltsicht bestätigt werden. Wer das Glas lieber halb leer als halb voll sieht, wird auch in Fragen des Glaubens bevorzugt jene Aspekte in den Blick nehmen, in denen von Verboten, Sünde und Strafe die Rede ist – und sieht sich in seinem negativen Weltbild zusätzlich noch von Gott bestätigt.

Der religiöse Glaube bringt darum nur einigen Menschen Glück. Letztlich ist es auch gar nicht das Ziel des Glaubens, uns glücklich zu machen. Erinnern Sie sich? Glück ist ein Nebenprodukt. Es stellt sich nicht ein, wenn wir es direkt anstreben. Wer vor allem deswegen glaubt, weil er endlich glücklich werden will, wird wahrscheinlich genau das Gegenteil erreichen. Wer hingegen anfängt, Gott und seine Mitmenschen von ganzem Herzen und mit ganzem Einsatz zu lieben, ohne auf das eigene Glück zu schielen, wird die Erfahrung machen, dass sich ihm dieses Glück im Lauf der Zeit als Weggefährte zugesellt.

„Frömmigkeit ist der Entschluss, die Abhängigkeit von Gott als Glück zu bezeichnen." Hermann von Bezzel

UM GLÜCKLICH ZU SEIN, BRAUCHEN WIR ETWAS, WAS GRÖSSER IST ALS WIR SELBST.

32

Die Welt dreht sich nicht um uns. Sie hat lange Zeit existiert, bevor wir geboren wurden, und es wird sie noch lange geben, wenn wir gestorben sind. Wer trotzdem sein Leben so einrichtet, als wäre er der Mittelpunkt der Welt, muss früher oder später an dieser Realität des Lebens scheitern.

Nichts auf dieser Welt trägt seinen Sinn in sich selbst. Unser Leben ist wie ein Puzzleteilchen, das für sich allein genommen nicht viel aussagt. Erst wenn wir die passenden Teilchen um uns herum oder sogar das „große Bild“ erkennen, erschließt sich uns der Sinn unserer Existenz. Erst wenn wir wissen, wozu wir auf der Welt sind, können wir wirklich glücklich werden. Mit Recht sagt der Philosoph Wilhelm Schmid: **„Nicht Glück, sondern Sinn ist das Wichtigste. Wer Sinn erfährt, ist automatisch glücklich.“**

„Selbstverwirklichung“ ist ein großes Schlagwort unserer Zeit. Im Grunde ist es eine legitime, ja sogar notwendige Sache, das in uns liegende Potenzial in bestmöglicher Weise entfalten zu wollen. Jedoch verfehlen wir dieses Ziel, wenn wir uns selbst zum Ziel unserer Bemühungen machen. So paradox es klingt: Wir verwirklichen uns selbst, indem wir uns an etwas anderes verlieren.

Was aber ist es wert, dass wir uns daran verlieren? Ein Hobby? Ein Sportverein? Die Börse? Auch wenn wir uns an solche Dinge verlieren, können wir Glück empfinden. Aber im Kern sind wir darauf angelegt, uns an etwas zu verlieren, das größer ist als wir selbst. Was aber ist größer? Ideologien und große Ideen? Wohl kaum, denn sie sind von Menschen gemacht. Andere Menschen kommen ebenfalls nicht infrage, denn sie sind nicht größer als wir. Meine Antwort ist christlich, aber prüfen Sie, ob sie nicht auch schlüssig ist: Größer als wir selbst ist letztlich nur Gott. Niemand kann darum glücklicher werden, als der, der sich an ihn verliert.

„Das Glück ist nicht außer uns und nicht in uns, sondern in Gott. Und wenn wir Gott gefunden haben, ist es überall.“ Blaise Pascal

GLÜCK
BEDEUTET
SICH
HINGEBEN.
33

Wann sind Sie das letzte Mal so richtig glücklich gewesen? Vielleicht waren Sie bei einem Musikkonzert einfach „hin und weg". Oder Sie standen im Stadion, als Ihre Lieblingsmannschaft gegen den Tabellenersten gewann. Vielleicht saßen Sie mit Ihrem Partner / Ihrer Partnerin am Strand und beobachteten einen Sonnenuntergang. Oder Sie erledigten völlig vertieft eine Arbeit, die Sie gern machen. Beim Blick auf die Uhr stellten Sie überrascht fest, dass Stunden vergangen sind.

Der gemeinsame Nenner dieser höchst unterschiedlichen Erfahrungen ist „Selbstvergessenheit". Sie waren mit Ihren Gedanken und Gefühlen ganz bei der Musik, ganz bei dem Fußballspiel, ganz bei Ihrem Partner oder ganz bei der Arbeit. Es ging Ihnen nicht um sich. Sie verloren sich selbst – und fanden sich unversehens auf einer höheren Stufe wieder.

Darum sagt Jesus: „Wer an seinem Leben festhält, wird es verlieren. Wer aber sein Leben loslässt, wird es gewinnen." Dieser Satz wird oft so verstanden, dass wir möglichst unglücklich leben müssen, um in den Himmel zu kommen. Dabei formuliert Jesus hier geradezu eine Grundregel des Glücks: Nur wer sich selbst verliert, findet sich auf einer höheren Stufe wieder – und genau das erleben wir als Glück.

Das gelingt übrigens nicht, wenn wir es absichtlich tun. Wer sich selbst verliert, um glücklich zu werden, schummelt. In Wirklichkeit verliert er sich nämlich nicht einen Moment aus dem Blick. Seine Hingabe ist nicht echt. Schauen Sie sich einen Briefmarkensammler an, der sich hingegebungsvoll seinen Alben widmet – der Mann ist glücklich. Versuchen Sie aber einmal, Briefmarken zu sammeln, um glücklich zu werden. Das funktioniert nicht. Das Geheimnis des Glücks liegt in der Selbstvergessenheit und Hingabe. Wenn Sie glücklich sein möchten, vergessen Sie die Suche nach Glück. Suchen Sie lieber nach Dingen, denen Sie sich ungeteilt hingeben können.

„Wer an seinem Leben festhält, wird es verlieren. Wer aber sein Leben loslässt, wird es gewinnen." Jesus

34

ARBEIT MACHT OFT GLÜCKLICHER ALS FREIZEIT.

In einer Umfrage sollten Menschen darüber Auskunft geben, wann sie glücklicher seien: während ihrer Arbeit oder in ihrer Freizeit. Die überwiegende Mehrheit antwortete: „In meiner Freizeit." Das leuchtet uns unmittelbar ein: Schließlich können wir in unserer Freizeit tun und lassen, was wir wollen, während wir bei der Arbeit oft fremdgesteuert sind. Die Befragten wurden dann aber über längere Zeit in unregelmäßigen Abständen über ein Funkgerät angepiepst und gebeten, ihren momentanen Glückszustand in eine Checkliste einzutragen. Es stellte sich heraus, dass die Glücksmomente inmitten der Arbeit die während der Freizeit deutlich überwogen. Die an sich so hochgeschätzte Freizeit war für viele eher eine Quelle der Langweile als des Glücks.

So wichtig es ist, dass wir von Zeit zu Zeit entspannen: Freizeit hat durchaus ihre Tücken. Während uns die Arbeit einen festen Rahmen vorgibt, stellt uns freie Zeit vor die Qual der Wahl: „Will ich jetzt joggen, gemütlich frühstücken oder im Garten arbeiten?" Am Ende bleiben wir im Bett liegen, bis der schöne freie Tag halb vorbei ist.

Arbeit hat sicherlich ihre Nachteile, aber sie vermittelt zum einen Sinn und gibt Struktur, zum anderen aber auch „FLOW". Flow bedeutet, dermaßen in etwas vertieft zu sein, dass man alles um sich herum vergisst. Die Dinge laufen scheinbar wie von selbst – es „fließt" –, und das erleben wir als beglückend. Dazu sind zwei Voraussetzungen unabdingbar: Erstens, dass wir etwas tun, was wir gut können und gerne machen. Und zweitens, dass uns die anstehende Aufgabe herausfordert, aber nicht überfordert.

Auf Flow brauchen wir allerdings auch in unserer Freizeit nicht zu verzichten. Nur dürfen wir uns nicht einfach hängen lassen, sondern sollten nach Beschäftigungen Ausschau halten, die wir gut und gerne verrichten. Vielleicht können wir dafür Talente einsetzen, die während unserer normalen Arbeitszeit brach liegen.

„Wenn du eine Stunde lang glücklich sein willst, schlafe.
Wenn du einen Tag lang glücklich sein willst, geh fischen.
Wenn du ein Jahr lang glücklich sein willst, heirate.
Wenn du ein Leben lang glücklich sein willst, liebe deine Arbeit."
Chinesisches Sprichwort

WER GLÜCKLICH SEIN WILL, MUSS LOSLASSEN KÖNNEN.

35

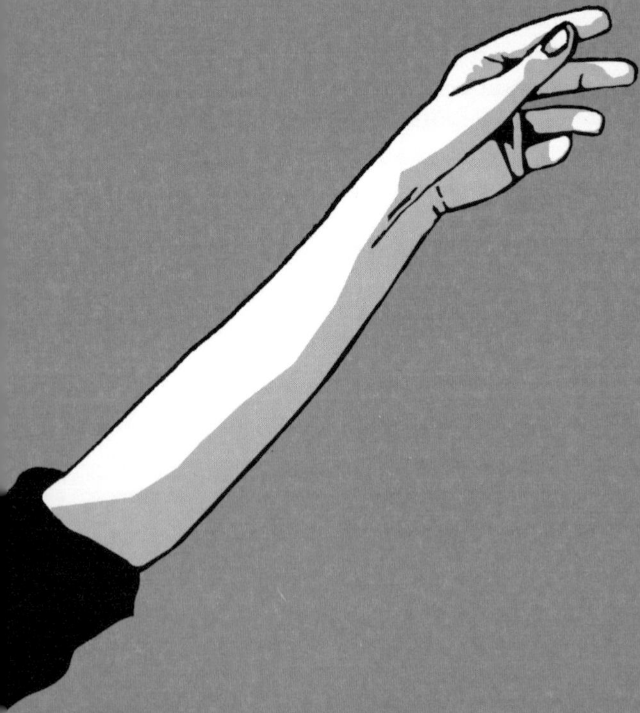

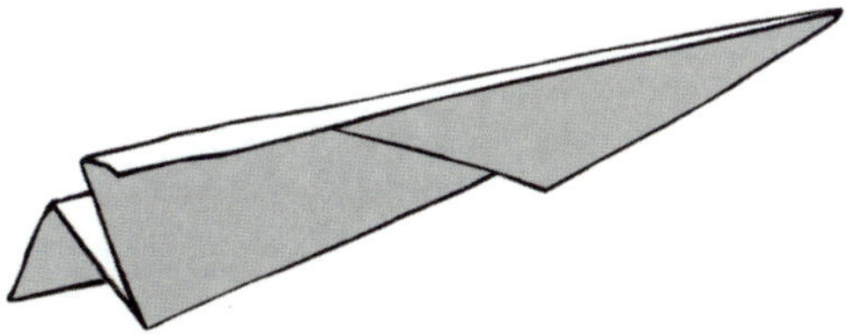

Sie finden, das klingt ziemlich selbstverständlich? Schön wär's! Es gibt erstaunlich viel, woran wir festhalten, obwohl wir wissen, dass es uns auf Dauer unglücklich macht. Schlechte Gewohnheiten zum Beispiel. Ungesundes Essverhalten. Falsche Freunde. Oder auch negative Denkmuster, die uns daran hindern, glücklich zu sein.

So fällt es oft schwer, negative Gefühle wie Ärger oder Verbitterung loszulassen. Solche Emotionen sind völlig normal. Aber statt einen Schmerz, den andere uns zugefügt haben, zu vergeben und langsam verklingen zu lassen, steigern wir uns oft in ihn hinein und halten ihn gerade dadurch wach. Dabei schaden wir niemandem so sehr wie uns selbst. **Wer sich ärgert, büßt für die Sünden anderer Leute.**

Vergebung entlässt einen Gefangenen in die Freiheit, und erst im Rückblick erkennt man, dass man selbst der Gefangene war.

Andere weigern sich, einen Weg aufzugeben, den sie einmal eingeschlagen haben, obwohl er in die Irre führt oder sie einen zu hohen Preis bezahlen müssen. So opfern viele sehenden Auges ihre Familie und ihre Gesundheit für die Karriere. Oder sie halten weiter fest an Träumen und Ambitionen, die keine realistische Chance auf Verwirklichung haben. Wer sagt denn, dass wir einen Weg unbedingt zu Ende gehen müssen? Bremsen uns nicht oft falscher Stolz oder mangelnde Flexibilität? Eine alte Weisheit der Dakota-Indianer besagt:

„Wenn das Pferd tot ist, steig ab!“

Egal, was Sie unglücklich macht – lassen Sie es los! Das macht Sie zwar noch nicht zu einem glücklichen Menschen. Aber es schafft emotionale Freiräume, in denen sich das Glück einnisten kann.

GLÜCK IST NICHT GESTERN ODER MORGEN, SONDERN JETZT.

36

Psychologen haben herausgefunden, dass der Moment, den wir als „Gegenwart" empfinden, etwa 2 bis 4 Sekunden dauert. Das ist die einzig real existierende Zeit, die wir zur Verfügung haben. Das, was davor war, existiert nicht mehr, und das, was danach kommen wird, existiert noch nicht. Einzig dieser kleine Moment ist für uns wirklich.

Was passiert in diesen 2 bis 4 Sekunden? Wir nehmen mit unseren Sinnen wahr, was ist. Aber diese Wahrnehmung der Gegenwart wird gleichzeitig abgelenkt durch unsere Gedanken, die zurück in die Vergangenheit wandern oder in die Zukunft vorauseilen. Statt uns voll und ganz auf den jetzigen Moment einzulassen, verschwenden wir unsere Energie an Dinge, die gar nicht mehr sind oder vielleicht nie eintreffen. Wir machen uns Sorgen über die Zukunft oder verbringen unsere Zeit damit, der Vergangenheit ärgerlich oder niedergeschlagen nachzuhängen – selbst dann, wenn wir nichts mehr daran ändern können.

Manchmal kann uns die Beschäftigung mit dem Vergangenen Zukunft ermöglichen Beispielsweise ist Trauer in einem bestimmten Maße wichtig und sinnvoll. Wenn wir aber endlos über das Verlorene weinen, nehmen wir uns zusätzlich zum Verlorenen auch noch die Gegenwart. Ähnliches gilt umgekehrt auch für unser Sorgen. Zweifellos gibt es sinnvolle Sorgen, aber über 90 Prozent von ihnen treffen nie ein. Und mit jeder Befürchtung, dass die Zukunft vielleicht ein Unglück für uns bereithält, nehmen wir uns die Freude am Hier und Jetzt.

Wenn uns die Erinnerung an die Vergangenheit oder die Vorfreude auf ein kommendes Ereignis helfen, JETZT Glück zu empfinden, ist es gut. Ansonsten sollten wir uns bemühen, die wenigen Sekunden, die wir als Gegenwart erleben, wach zu sein und zu genießen. Glück ist JETZT. Das Tor, durch das wir hindurchtreten, um Glück zu empfinden, ist allein dieser Augenblick.

„Die wichtigste Stunde in unserem Leben ist immer der gegenwärtige Augenblick; der bedeutsamste Mensch in unserem Leben ist immer der, der uns gerade gegenüber steht; das wichtigste Werk in unserem Leben ist stets die Liebe."
Meister Eckhart

DIE KUNST DES GLÜCKS BESTEHT DARIN, IM AUGENBLICK ZU LEBEN.

37

Wir haben viel mehr Glück, als wir meinen, nur sind wir mit unseren Gedanken meist woanders. Glückliche Menschen haben die Fähigkeit, sich auf das zu konzentrieren, was gerade anliegt, und sich daran zu erfreuen. Weil sie die Gedanken an das Unerfreuliche von gestern oder an das Ungewisse von morgen minimieren, können sie im gegenwärtigen Augenblick verbleiben und das Schöne daran genießen. Auch weniger reizvollen Tätigkeiten gewinnen glückliche Menschen Seiten ab, die für sie herausfordernd und interessant sind.

Nehmen Sie sich einen Tag lang vor, nur im Hier und Jetzt zu leben. Sie werden merken, wie schwer das ist. Aber ich verspreche Ihnen: Sie werden eine ganz besondere Erfahrung machen. Nehmen Sie unter der Dusche den Wasserstrahl bewusst wahr, der Sie erfrischt. Denken Sie beim Frühstück nicht bereits an den Ausflug, den Sie machen wollen, sondern frühstücken Sie ganz bewusst! Lassen Sie es sich auf der Zunge zergehen. Meiden Sie Themen, die mit gestern oder morgen zu tun haben, sprechen Sie einfach darüber, wie gut das Brötchen schmeckt, wie lecker der Kaffee ist oder über das, was Sie sonst gerade tun oder wahrnehmen. Sie werden spüren, dass das Leben im Grunde ein Fest ist – voller Farbe, Eindrücke, Lebendigkeit und Freude.

Steht Ihnen kein ganzer Tag zur Verfügung, wiederholen Sie mehrmals am Tag folgende kleine Übung – halten Sie im Tagesablauf immer wieder für eine Minute inne:

- Atmen Sie ein paar Mal tief ein und aus.
- Benutzen Sie bewusst alle Sinne, um die Situation wahrzunehmen: Welche wunderbaren Farben sehen Sie? Was können Sie hören? Was riechen Sie? Was können Sie fühlen und ertasten? Vielleicht gibt es auch etwas zu schmecken?
- Staunen Sie über diesen ganz normalen und gleichzeitig doch so unglaublich dichten Moment Ihres Lebens.
- Lächeln Sie und sagen Sie: „Danke!“.
- Fahren Sie mit dem fort, was Sie bislang getan haben.

Ich verspreche Ihnen eines: Diese Übung macht süchtig!

„Es gibt kein Glück. Es gibt nur glückliche Augenblicke.“ Spanisches Sprichwort

DAS GLÜCK LIEGT OFT NICHT IN DEN GROSSEN, SONDERN IN DEN KLEINEN DINGEN.

38

Auf einem Glücksseminar in der Schweiz sprach mich in der Pause eine Frau an und beklagte sich bitterlich darüber, dass das Glück scheinbar einen großen Bogen um sie mache. Das Gespräch war ziemlich Energie raubend, denn ich hatte eigentlich gehofft, in der Pause etwas durchzuatmen und Kraft zu tanken. Plötzlich fiel mein Blick auf ein atemberaubendes Szenario vor der Hotelterrasse: Die Sonne schien bei strahlend blauem Himmel auf schneebedeckte Berggipfel – es war einfach wunderschön. Und ich sagte: „Schau mal – wie traumhaft das aussieht!" Sie zuckte nicht mit der Wimper, sondern entgegnete: „Kenn ich. Hab ich gestern schon gesehen" – und fuhr fort, sich zu beklagen. Mich wunderte nicht, dass diese Frau sich so unglücklich fühlte.

„Stell dir vor, du hast Glück und kriegst es nicht mit!" – Glück entsteht oft durch Aufmerksamkeit in kleinen Dingen (so wie Unglück oft aus der Vernachlässigung kleiner Dinge resultiert). Natürlich können und sollen wir großen Träumen Raum geben und ambitionierte Ziele verfolgen. Aber wir dürfen unser Glück nicht von der Erreichung dieser Ziele abhängig machen. Vor allem sollten wir im Blick behalten, dass das Glück oft gerade nicht im Großen, sondern im Wahrnehmen der vielen kleinen Glücksmomente besteht, mit denen das Leben uns Tag für Tag beschenkt. Es ist wie beim Märchen von den Sterntalern: Es regnet rings um uns Sterne, aber wir müssen auch unser Hemd aufhalten.

Das Glück ist wie ein Mosaikbild, das aus lauter unscheinbaren kleinen Freuden zusammengesetzt ist. Von Eckart von Hirschhausen stammt das schöne Bild vom 30-Meter-Haar. Auf unserem Kopf wachsen jeden Tag etwa dreißig Meter Haar. (Liebe Glatzenträger, seien Sie nicht beleidigt: Auf Ihrem Körper sind es noch viel mehr!) Anstatt dieses kleine Wunder wahrzunehmen, das sich jeden Tag ereignet, warten manche Menschen – übertragen gesprochen – ihr Leben lang voller Frust auf das eine 30-Meter-Haar. Konzentrieren Sie sich nicht auf den großen Lottogewinn! Wer auch kleinste positive Dinge schätzt, ist glücklicher. Vielleicht nehmen Sie sich einfach mal kurz die Zeit und staunen darüber, wie schön beispielsweise dieses Buch gestaltet ist. Um sich daran zu freuen, brauchen Sie es nicht einmal zu Ende zu lesen.

Wenn man dem Volksmund glauben will, wartet am Ende des Regenbogens ein Topf voller Gold. Ob das wahr ist, weiß ich nicht. Auf jeden Fall sollten wir nicht versäumen, auf unserem Weg dorthin den Regenbogen zu genießen.

„Viele Menschen versäumen das kleine Glück, während sie auf das große vergebens warten." Pearl S. Buck

TU, WAS DU TUST!

Ein Vater bekam Besuch von seinem Sohn. Während der Sohn gehetzt und abgespannt wirkte, saß der Vater gemütlich vor seinem Haus und genoss das Sonnenlicht.

Da fragte der Sohn:
„Vater, wie schaffst du es, immer so ruhig und ausgeglichen zu sein?"

Da antwortete der Vater:
„Ganz einfach: Wenn ich sitze, dann sitze ich, wenn ich stehe, dann stehe ich,
und wenn ich gehe, dann gehe ich.
Das alles macht mich glücklich."

Darauf meinte sein Sohn:
„Das ist doch nichts Besonderes, all das tue ich doch auch. Du musst doch darüber hinaus ein Geheimnis haben."

Der Vater schaute ihn ruhig an und sagte:
„Ja. Wenn ich sitze, dann sitze ich,
wenn ich stehe, dann stehe ich,
und wenn ich gehe, dann gehe ich.
Das alles macht mich glücklich."

Da unterbrach ihn der Sohn:
„Aber das mache ich doch auch!"

Der Vater sah ihn prüfend an und sagte dann: „Nein, mein Sohn, du machst es anders. Wenn du sitzt, stehst du in Gedanken schon auf. Und wenn du stehst, denkst du schon ans Laufen. Und wenn du läufst, bist du schon am Ziel. Das alles macht dich unglücklich."

Das Geheimnis des Glücks: Nimm mit all deinen Sinnen wahr, was gerade ist, und was immer du gerade tust, das tu ganz bewusst.

NICHT DIE GLÜCKLICHEN SIND DANKBAR. ES SIND DIE DANKBAREN, DIE GLÜCKLICH SIND.

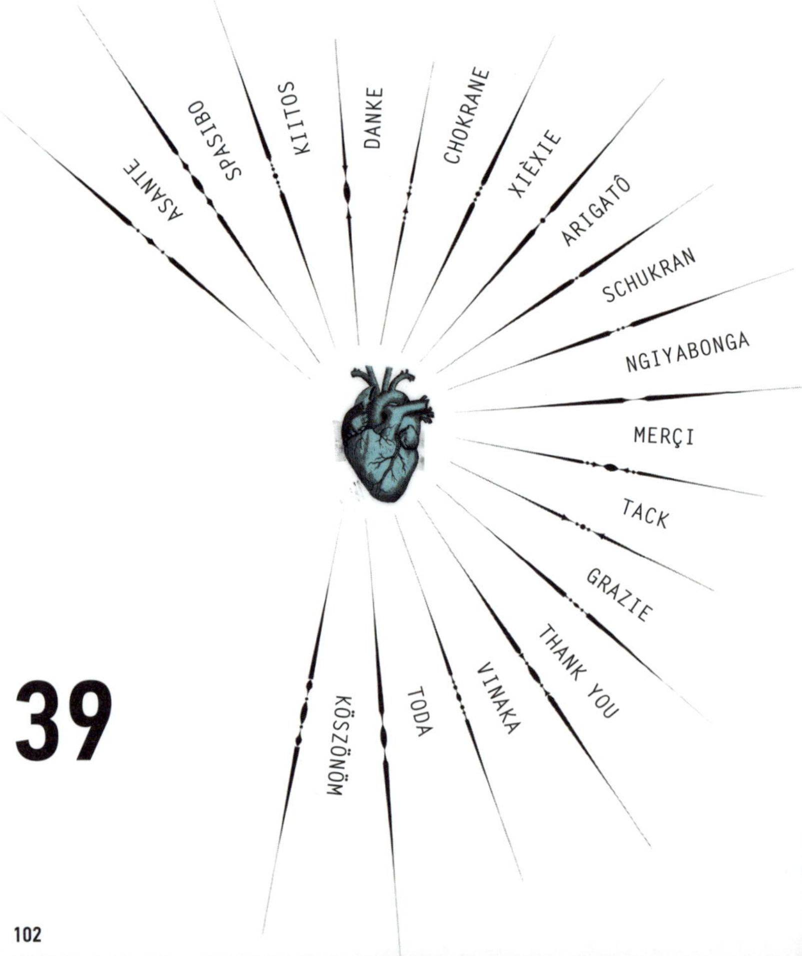

39

Viele Menschen sind vor allem unglücklich, weil sie nicht wahrnehmen, wie viel Glück sie eigentlich haben. Manch einer muss erst krank werden, um zu realisieren, wie gut es ihm vorher ging. Zumeist merken wir erst nach einem Verlust, wie viel uns zuvor geschenkt war. Oft nehmen wir etwas für selbstverständlich, das es keineswegs ist.

Natürlich können wir keinen unglücklichen Menschen trösten, indem wir ihm sagen: „Schau doch mal, wie gut du es eigentlich hast!" Und doch ist entgegen der landläufigen Meinung Dankbarkeit nicht so sehr Folge als vielmehr Voraussetzung unseres Glücks. Nur wer dankbar ist und die Gegebenheiten in seinem Leben zu schätzen weiß, kann auch Glück empfinden.

Dankbarkeit ist kein sporadisch auftretendes Gefühl, sondern ein bestimmter Blickwinkel, unter dem wir das Leben betrachten. Wenn wir uns das Positive, das uns geschenkt ist, nicht immer wieder bewusst vor Augen führen, werden wir schnell gleichgültig und undankbar. Ganz gleich, wie viel wir besitzen, es wird immer Dinge geben, die uns nicht gehören. Wir können jede Menge Glück haben – und gleichzeitig das Gefühl, dass uns noch ein kleines Stück fehlt, um wirklich glücklich zu sein. Solange wir vornehmlich auf das schauen, was wir nicht haben und was in unserem Leben nicht funktioniert, machen wir uns selbst unglücklich. Wir züchten unsere Unzufriedenheit wie eine Pflanze, die immer größer wird und am Schluss unser ganzes Denken beherrscht.

Glück ist die Entscheidung, das Positive in unserem Leben auch als positiv wahrzunehmen. Hier hilft eine simple Übung: Schreiben Sie in der kommenden Woche jeden Abend vor dem Schlafengehen fünf Dinge auf, für die Sie an diesem Tag dankbar waren. Sie werden schon nach kurzer Zeit merken: Sie haben viel mehr Glück, als Sie dachten. Lesen Sie sich am Wochenende Ihre Notizen durch. Führen Sie sich noch einmal vor Augen, was Sie in der Vorwoche an Positivem erlebt haben. Hand aufs Herz: Hätten Sie sich ohne diese Liste noch an all die vielen Gründe, dankbar zu sein, erinnert?

„Nie glücklich ist der, der ewig dem nachjagt, was er nicht hat, und darüber das vergisst, was er hat." William Shakespeare

GLÜCKLICHE MENSCHEN EMPFINDEN NICHT NUR DANKBARKEIT, SONDERN ÄUSSERN SIE AUCH.

40

Alle Empfindungen, die wir laut äußern, vermehren sich. Alle Empfindungen, die wir für uns behalten, verblassen. Wenn wir diesen psychologischen Grundsatz beherzigten, könnten wir alle doppelt so glücklich sein. Wir müssten nur unsere positiven Gefühle nach Möglichkeit mit anderen teilen und negative Gedanken weitgehend für uns behalten (es sei denn, unsere Äußerungen helfen, die Ursache für unsere negativen Empfindungen abzustellen).

Damit negiere ich die weit verbreitete Auffassung, dass es gut tut, negative Emotionen „einfach mal rauszulassen". Ich behaupte dagegen: Im Endeffekt steigern wir uns dadurch nicht nur in unsere schlechte Laune hinein, sondern stecken andere noch damit an. Alles, was wir beachten, verstärkt sich, das Positive wie das Negative.

Auch ich vertrete eine „Lass-es-raus!"-Philosophie, aber vornehmlich, wenn es um glückliche Gefühle wie Begeisterung, Freude oder eben Dankbarkeit geht. Es ist zweifellos viel, dass ein Mensch überhaupt Dankbarkeit empfindet. Noch wichtiger ist es aber, sie auch zu äußern.

- Wenn Sie also jemandem dankbar sind, sagen Sie es ihm bitte. Was hilft es ihm, wenn Sie gut über ihn denken, er es aber nicht weiß? Wenn Sie sich hingegen bedanken, bringen Sie Licht in seinen Tag. Und machen gleichzeitig die Erfahrung, dass sich Ihre Freude verdoppelt. **Geäußerte Dankbarkeit macht zwei Herzen froh.**
- Teilen Sie Ihre Empfindungen der Dankbarkeit mit möglichst vielen anderen Menschen. Wer weiß: Vielleicht können Sie sie mit Ihrer Freude anstecken? In unserer Zeit, in der Kritik oft als „cool" und Dankbarkeit als „uncool" gelten, setzen Sie positive, ja geradezu kulturbildende Zeichen, wenn Sie Ihre Dankbarkeit äußern.
- Und wenn Sie religiös sind, danken Sie Gott. Oder – etwas vorsichtiger: – dem Leben. Aber geben Sie Ihrem Dank, der keinem konkreten Menschen zuzuordnen ist, eine Adresse. Gott hat es verdient. Und Sie verstärken dadurch in sich selbst das wunderbare Lebensgefühl, von Güte und Wohlwollen begleitet zu sein.

„Wäre das Wort „Danke" das einzige Gebet, das du je sprichst, so würde es genügen." Meister Eckhart

WER GLÜCKLICH SEIN WILL, MUSS JA ZU DEN DINGEN SAGEN, DIE ER NICHT VERHINDERN KANN.

41

Über zwei Dinge sollten wir uns nicht ärgern: Über die Dinge, die wir ändern können, und über die, die wir nicht ändern können. Aller Ärger und alle Enttäuschung entstehen, weil weder die Welt noch die anderen Menschen so sind, wie wir sie gerne hätten. Doch wir können uns darüber ärgern, bis wir schwarz werden – wir ändern nichts daran. Und wenn wir uns noch so sehr wünschen, dass die Menschen anders wären: Sie sind es nicht, und oft ist das auch gut so.

Die Welt funktioniert nicht immer nach unseren Vorstellungen. Sofern Sie an ärgerlichen Umständen etwas ändern können, tun Sie das. Wenn nicht, ändern Sie Ihre Einstellung. Warum wollen Sie sich zusätzlich zu den unangenehmen Umständen noch mit einem Gefühl belasten, das Ihnen Kopfweh, Magen- oder Herzprobleme bereitet?

Ich rede hier keiner passiven, resignativen Haltung das Wort. Wir alle können und sollen daran mitarbeiten, dass diese Welt ein besserer Ort wird und dass die Menschen um uns herum liebevoller und liebenswürdiger miteinander umgehen. Aber das erreichen wir nicht durch Jammern, Ärger oder Schmollen. Sobald wir uns in eine solche negative Haltung hineinmanövrieren, sind wir ein Teil des Problems und nicht der Lösung. Glauben Sie wirklich, dass Sie etwas Positives bewirken, solange Sie von etwas Negativem getrieben werden?

„Change it, love it or leave it“, sagen die Amerikaner. Ändere es, liebe es oder gehe aus der Situation heraus. Manches in unserem Leben können wir nicht ändern und auch nicht verlassen. Dann hilft nur, es zu umarmen, es anzunehmen und das Beste daraus zu machen. Zum Glücklichsein gehört darum die Fähigkeit, die Welt und die Menschen so zu nehmen, wie sie sind. Vielleicht hilft Ihnen dabei das folgende alte Gebet:

„Herr, gib mir die Gelassenheit, Dinge hinzunehmen, die ich nicht ändern kann.
Gib mir die Kraft, Dinge anzupacken, die ich verändern soll.
Und gib mir die Weisheit, das eine vom andern zu unterscheiden.“
Christoph Oetinger

DIE BEIDEN STÄRKSTEN GLÜCKSGEFÜHLE SIND: LIEBEN UND GELIEBT WERDEN.

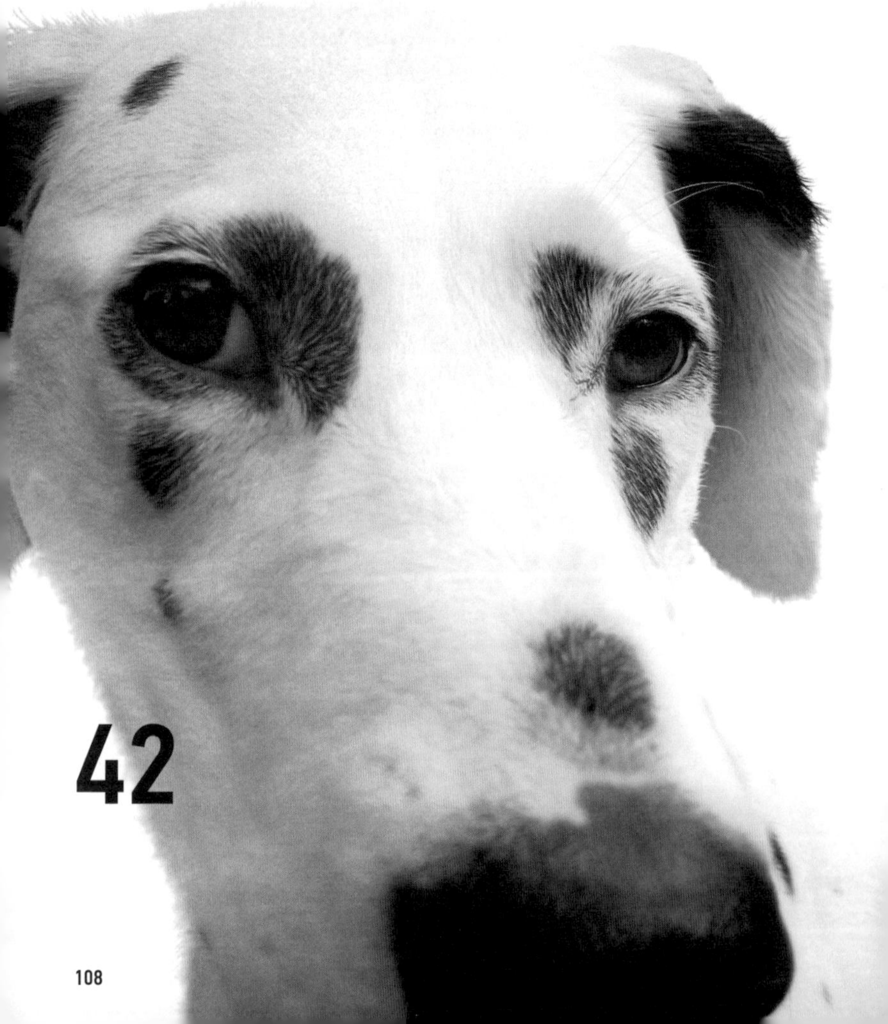

42

Als wir Kinder waren, sehnten wir uns nach nichts so sehr wie nach dem Gefühl, geliebt zu werden. Auch als Erwachsene verspüren wir immer noch diesen intensiven Wunsch. Jedoch hat sich mit zunehmendem Alter und wachsender Reife ein zweites starkes Bedürfnis zu dem ersten gesellt: die Sehnsucht, selbst zu lieben.

Lieben und geliebt werden machen auf zweierlei Weise glücklich. Wer sich geliebt weiß, erfährt Unterstützung, Anerkennung und Geborgenheit von anderen – und das tut einfach gut. Wer hingegen selbst liebt, wird oft bis an die Grenzen seiner Empfindungsskala geführt. Er wird herausgefordert zu höchster Kreativität und zum Einsatz seiner besten Kräfte. Und obwohl das durchaus mit Schmerz verbunden sein kann, möchte der Liebende auf dieses Gefühl nicht verzichten. Das hat einen einfachen Grund: Nie ist der Mensch so bei sich selbst, wie wenn er liebt.

Beide Arten von Glück sollten wir nicht gegeneinander ausspielen. Im Idealfall trifft beides zusammen. Darum sehnt sich jeder von uns nach Beziehungen, die von einem gesunden Kreislauf zwischen Geben und Nehmen geprägt sind. Hier können wir in gleich starkem Maße Liebe schenken wie erfahren. Ungesund wird es immer dann, wenn dieser Kreislauf dauerhaft einseitig unterbrochen wird, wenn wir also fast nur noch nehmen oder nur noch geben.

Eine der wichtigsten Glücksregeln lautet daher wie folgt: „Achte darauf, dass ‚lieben' und ‚geliebt werden' in deinem Leben sich einigermaßen die Waage halten." Es ist völlig okay, wenn wir uns nach Liebe sehnen. Aber versuchen wir, Liebe nicht nur zu empfangen, sondern auch zu geben. Was für einseitiges Nehmen gilt, lässt sich auch auf das Geben übertragen: Eine Liebe, die immer nur geben, aber nichts annehmen möchte, ist ebenfalls ungesund. Sie raubt einem nicht nur die Kraft, sondern trocknet auf Dauer die eigene Seele aus. Keiner von uns ist wie Gott, dass er sich immer nur verschenken könnte. Und keiner von uns bleibt lebenslang ein Baby, das Liebe nur empfängt. Wir sind erwachsene Menschen und werden auch nur auf erwachsene Weise glücklich.

„Zu lieben ist Segen. Geliebt zu werden ist Glück." Leo Tolstoi

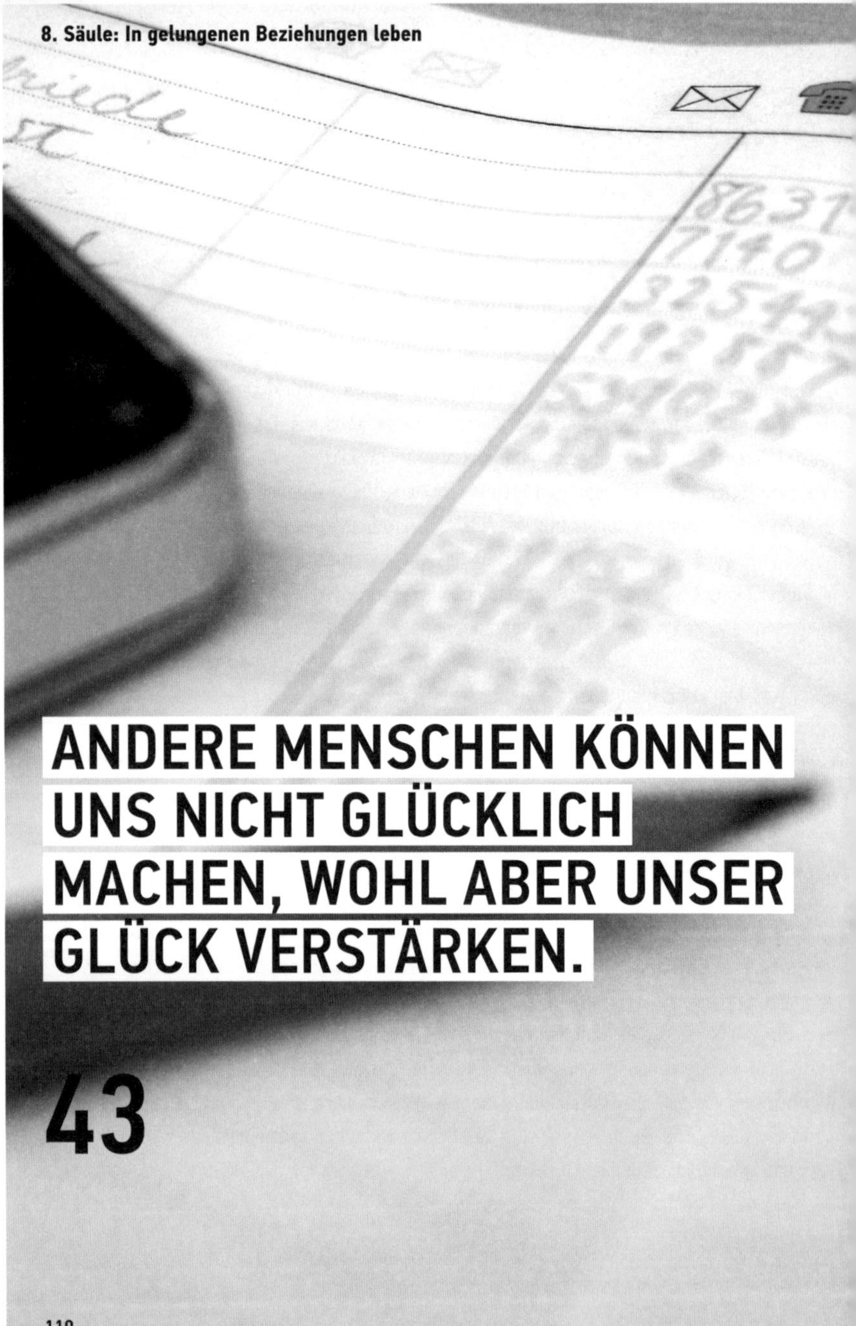

ANDERE MENSCHEN KÖNNEN UNS NICHT GLÜCKLICH MACHEN, WOHL ABER UNSER GLÜCK VERSTÄRKEN.

43

Gesundheitsforschern zufolge ist die Einbettung in ein soziales Beziehungsnetz der Nr.-1-Faktor auf der Skala unseres persönlichen Wohlbefindens. Das gilt auch für introvertierte Menschen. Sie brauchen vielleicht nicht so viele soziale Kontakte, aber auch sie brauchen welche. Und ein paar gute Freunde sind allemal besser als viele halb gute. In unseren Beziehungen tun wir gut daran, eher in die Tiefe zu gehen als in die Breite.

Niemand von uns ist eine Insel. Wir alle stehen im Mittelpunkt eines dicht gewebten Netzes, in dem wir andere beeinflussen und von anderen beeinflusst werden. Zwischen uns und den Menschen, die uns umgeben, herrscht ein reger Austausch an Werten, Urteilen, Ansichten etc. Wir färben ständig aufeinander ab, auch wenn uns das gar nicht bewusst ist. Im biblischen Buch der Sprüche heißt es: „Wer sich zu Klugen gesellt, wird klug; wer sich mit Dummköpfen befreundet, ist am Ende selbst der Dumme." Die Auswahl unserer engeren Umgebung bestimmt, in welche Richtung sich unsere Persönlichkeit entwickelt.

Freund sein heißt: „Ich will so werden wie du." Gehen Sie darum gezielter mit der Auswahl Ihrer Freundschaften und Ihres Umgangs um. Wenn Sie glücklich sein wollen, ist es wichtig, dass Sie glückliche Menschen zu Ihrem engeren Freundeskreis zählen. Unser Glück liegt zwar in unserer eigenen Verantwortung, die uns niemand abnehmen kann, Niemand anders kann uns glücklich machen als wir selbst. Aber andere Menschen können uns auf dem Weg unterstützen – oder eben unsere Bemühungen torpedieren.

Kreisen Sie in Ihrem Adressbuch die Leute rot ein, mit denen Sie lachen, weinen und träumen können – und vor allem: mit denen Sie glücklich sind. Und nehmen Sie sich gezielt Zeit, diese Beziehungen zu pflegen.

Wir sind die Summe der sieben Menschen, mit denen wir am meisten zu tun haben.

44

PRIVATES UND BERUFLICHES GLÜCK LASSEN SICH NICHT TRENNEN.

Viele Menschen sind beruflich Profis, im Privatleben aber Amateure. Sie sind in ihrem Job zwar erfolgreich, aber man möchte nicht in der Haut ihres Partners, ihrer Kinder oder auch nur ihrer Freunde stecken (so sie überhaupt welche haben). Doch was nützt uns aller berufliche Erfolg, wenn wir nicht gleichzeitig auch liebenswerte und liebesfähige Menschen sind? Die Frage kann man allerdings auch umgekehrt stellen: Was bringt unser privates Glück, wenn wir uns nicht gleichzeitig auch als produktiv und leistungsfähig erleben?

Beides gehört zusammen: das private und das berufliche Glück. Wobei „Beruf" hier für alles steht, womit wir über unser persönliches Umfeld hinaus aktiv gestaltend auf die Welt einwirken. Das muss nicht unbedingt eine bezahlte Tätigkeit sein. Das Wort „Beruf" kommt von „Berufung". Es hat etwas mit unserer persönlichen Bestimmung zu tun, mit unserem ureigensten Lebensauftrag. Diesen „Beruf" zu finden und auszufüllen ist unabdingbar für unser persönliches Lebensglück.

Freilich sagte noch nie ein Sterbender den Satz: „Ach, hätte ich doch nur mehr Zeit im Büro verbracht!“ Worauf es ilm Leben letztlich ankommt, ist, einen Beitrag für andere zu leisten, ist Liebe, sind gelungene Beziehungen. Jeder von uns weiß das. Und doch setzt kaum jemand seine Prioritäten danach. Viele Männer verbringen mehr Zeit vor dem Fernseher als mit ihren Kindern. Und finden angesichts ihrer beruflichen Termine kaum einen freien Abend für ihre Frau. Zur Pflege von Freundschaften haben sie erst recht keine Zeit. Das muss auf Dauer schiefgehen. Auf diese Weise wird man zum sozialen Krüppel. Jeder Muskel, der nicht benutzt wird, bildet sich mehr und mehr zurück. So auch unser „sozialer Muskel“. Wenn wir uns nicht die Zeit nehmen, unsere Beziehungen zu pflegen, dürfen wir uns nicht wundern, wenn wir am Ende trotz allen beruflichen Erfolges unglücklich sind. Überlegen Sie: Wenn „Liebe geben“ und „Liebe erfahren“ wirklich das Wichtigste in Ihrem Leben sein soll, was müssten Sie dann ändern?

„Nicht, wie glücklich man lebt, ist entscheidend, sondern wie beglückend.“
Curt Goetz

GUTE BEZIEHUNGEN SIND KEIN ZUFALL.

Ob Beziehungen gelingen oder nicht, liegt in erheblichem Maß an uns selbst. Natürlich können wir niemanden zwingen, uns zu mögen oder Zeit mit uns verbringen zu wollen. Aber unser Verhalten trägt einiges dazu bei, dass solche Beziehungen zustande kommen und von Dauer sind:

- Achten Sie auf Ihr äußeres Erscheinungsbild.
- Lächeln Sie viel – und echt.
- Zeigen Sie ungeheucheltes Interesse an Ihren Mitmenschen.
- Achten Sie darauf, dass sich Hören und Reden die Waage halten.
- Spüren Sie sich in andere Menschen hinein.
- Denken und reden Sie positiv.
- Bauen Sie andere Menschen auf.
- Zeigen Sie Wertschätzung.
- Seien Sie taktvoll.
- Verbiegen Sie sich nicht.
- Reagieren Sie bei Meinungsverschiedenheiten freundlich und gelassen.
- Bleiben Sie für andere Menschen interessant.

Jesus sagt in der Bergpredigt: „Behandle deine Mitmenschen so, wie du selber von ihnen behandelt werden möchtest.“ Das ist nicht nur ein moralisches Grundprinzip, sondern der Schlüssel zu jeder guten Beziehung. Wenn Sie Ermutigung suchen, ermutigen Sie andere. Wenn Sie möchten, dass andere gut von Ihnen reden, reden Sie gut über andere. Wenn Sie sich Förderung von anderen wünschen, fördern Sie andere.

„Die einzige Methode einen Freund zu gewinnen, ist die, ein Freund zu sein.“
Ralph Waldo Emerson

BEWEGUNG MACHT GLÜCKLICH.

45

Leider. Auch ich liege lieber faul im Garten mit einem guten Buch in der Hand. Aber schauen Sie sich kleine Kinder an. Sie sind ständig in Bewegung. Sie gehen nicht gemächlich wie wir Erwachsenen, sondern rennen, hüpfen oder springen – und sind dabei glücklich. Das Leben ist in ihren Augen viel zu aufregend, um langsam zu gehen. Das ändert sich oft erst mit dem Eintritt ins Schulalter. Die Lust an der Bewegung hört auf bzw. wird abtrainiert – und prompt werden die Kinder nörgeliger und unzufriedener.

Das hat Gründe. Kaum ein Zusammenhang ist so gut erforscht wie der zwischen Glück und Bewegung. Mäuse, die sich in Laufrädern austoben, zeigen nicht nur ein besseres Lernverhalten als weniger bewegliche Artgenossen, sondern ihr Gehirn stellt verstärkt ein Protein her, das medizinisch gesehen wie eine Arznei gegen Depression wirkt. Sie sind also nicht nur lebensfähiger und flexibler, sondern auch besser drauf.

Vergleichbares gilt auch für uns Menschen. Ausdauersport wie etwa Schwimmen, Langlauf oder Joggen führt dazu, dass unser Gehirn vermehrt Glückshormone ausschüttet. Das hebt die Stimmung, nimmt Ängste und stärkt das Selbstbewusstsein. Die erhöhte Sauerstoffzufuhr sorgt außerdem dafür, dass unsere Körperzellen entschlackt und entgiftet werden. Damit ist regelmäßige Bewegung sowohl kurz- wie auch langfristig einer unserer wichtigsten Glückslieferanten. Menschen ohne Bewegung weisen über die Jahre eine doppelt so hohe Depressionsrate auf wie jene, die regelmäßig Sport treiben. Ja mehr noch: Langzeitstudien zufolge wirkt regelmäßige ausdauernde Bewegung ebenso gut gegen depressive Störungen wie eine Medikamententherapie.

Und das Beste ist: Den Stoff, aus dem die guten Gefühle sind, bekommen Sie rezeptfrei und ohne jede Zuzahlung! Ob Sie nun laufen, schwimmen, Rad fahren oder – mein Geheimtipp! – Trampolin springen: Bewegen Sie sich! Am besten täglich. Mindestens aber drei bis vier Mal die Woche, jeweils eine halbe Stunde lang. Denn Leben ist Bewegung. Und Bewegung ist Leben. Und beides zusammen ist Glück.

Bewegung ist Leben – Leben ist Bewegung. Und beides zusammen ist Glück.

GLÜCK IST KEIN ZUSTAND, GLÜCK IST EIN PROZESS.

46

Äußere Bewegung und innere Beweglichkeit gehören eng zusammen. Denn körperliche Trägheit führt auf Dauer auch zu geistiger Trägheit. Mit jedem Kilo zu viel auf der Waage sinkt unsere intellektuelle Leistungsfähigkeit, Schlagfertigkeit und geistige Frische. Ebenso reduziert sich die Fähigkeit, Glück zu empfinden, mehr und mehr auf das bloße Gefühl der Behaglichkeit bzw. der körperlichen Zufriedenheit. Das trägt zwar auch zu unserem Wohlbefinden bei, aber in etwa so, als würden Sie auf einem Klavier immer nur die unteren acht Töne spielen.

Das Leben ist – glücklicherweise! – so angelegt, dass wir diese „unteren Töne" immer nur für eine kurze Zeit genießen können. Es gibt keinen Zustand der dauerhaften Befriedigung – und das ist gut so, sonst würden wir träge und lustlos. Das Glück kommt und geht – und hält uns genau damit in Bewegung. Glück ist kein Zustand, sondern ein ständiger Prozess. Und wir werden es nur dann in voller Breite erleben, wenn wir uns mit ihm bewegen und ihm entgegengehen, statt einfach nur träge darauf zu warten, dass es bei uns vorbeikommt.

Darum ist neben der äußeren auch die innere Beweglichkeit so wichtig. Sie bedeutet Flexibilität, Wachheit, Tatkraft und Frische. Dazu gehören die Bereitschaft, aus Fehlern zu lernen, die Lust, neue Wege auszuprobieren, das Ausmerzen schlechter Angewohnheiten und die Bejahung von Tempo. Eine solche Lebenseinstellung können wir einüben:

- Machen Sie jeden Tag etwas, was Sie noch nie gemacht haben.
- Versuchen Sie, jeden Tag in irgendeiner Hinsicht besser zu werden.
- Notieren Sie an jedem Tag in Ihrem Kalender eine Sache, die Sie gelernt haben.
- Bewegen Sie sich – jeden Tag.

Jeder Tag fordert uns heraus, neue Wege und neues Denken zu wagen. Jeder Tag birgt dafür aber auch ganz eigene, individuelle Glücksmomente, die nur darauf warten, dass wir sie wahrnehmen. Das aber geht nur, wenn wir in Bewegung bleiben.

„Tätigkeit bringt vielleicht nicht immer Glück; aber es gibt kein Glück ohne Tätigkeit." Benjamin Disraeli

ZIELE HALTEN UNS IN BEWEGUNG UND HELFEN UNS DAMIT ZUM GLÜCK.

47

Ein glücklicher Mensch verfolgt eine Aufgabe oder ein Ziel, denn das hält uns in Bewegung. Natürlich können uns Ziele auch unglücklich machen, wenn sie unrealistisch sind und uns deshalb unter einen heillosen Druck setzen oder wenn sie uns und anderen schaden. Zugegeben: Wir können auch mit Zielen eine Menge Dummheiten anstellen.

Aber die menschliche Natur ist so angelegt, dass sie nach vorne strebt. Der Sinn unseres Lebens besteht nicht nur in Vermehrung und Arterhaltung (auch wenn manche Menschen diesen Eindruck erwecken), sondern Gott hält für jeden von uns eine Aufgabe bereit. Entsprechend ist der Mensch auch strukturiert: Er strebt und hofft und geht nach vorne. Auch wenn es durchaus leidvoll und mühsam sein kann. Aber sobald diese Bewegung nach vorne abbricht, hört der Mensch auf, wirklich zu leben. Ohne ein Ziel fällt er in sich zusammen. Genau aus diesem Grund zerbrechen so viele Ehen, wenn die Kinder aus dem Haus sind. Der Ehe fehlen dann oft die Aufgabe und das Ziel. Oder darum sterben so viele Menschen kurz nach ihrer Pensionierung. Sie sterben innerlich – und sie sterben buchstäblich, wenn sie kein Ziel mehr vor Augen haben.

Glücklich ist jemand, der eine Aufgabe und ein Ziel hat. Die Kunst ist nur, dabei das eigene Glück nicht in die Zukunft zu verlagern („Wenn ich erst mal ... – dann werde ich endlich glücklich sein"), sondern bei alledem das Hier und Jetzt, also bereits das Unterwegssein, zu genießen. Auch die damit verbundene Anstrengung. Sich zu bewegen, die eigene Kraft zu spüren – auch die eigenen Grenzen! – und sich zu sagen: „Ja, ich lebe! Ich bewege mich, ich spüre mich – ich bin!" Natürlich wollen wir unser Ziel auch erreichen. Aber Glück beginnt schon sehr viel früher: im Unterwegssein auf unser Ziel hin.

„Wer kein Ziel hat, darf sich nicht wundern, wenn er niemals ankommt."
Mark Twain

WER DAUERHAFTES GLÜCK WILL, MUSS SICH STETS VERÄNDERN.

48

Nichts ist in dieser Welt so beständig wie der Wandel. Der Philosoph Heraklit sagte, man könne nicht zweimal in den gleichen Fluss steigen. Die Welt, in der wir heute handeln und leben, ist nicht mehr die gleiche wie gestern. Sie sieht nur äußerlich so aus. Das Leben ist ein reißender Fluss, und es hat wenig Sinn, sich gegen die damit verbundene Veränderung zu stemmen. Das heißt nicht, dass wir auf jeder Welle mitreiten müssen. Aber unsere Welt ist in ständiger Bewegung, und wenn wir uns dem nicht anpassen, verlieren wir den Anschluss an den Lauf des Lebens.

Darum gehört zum Glück nicht nur die Bejahung des äußeren Wandels, sondern auch die eigene Weiterentwicklung. Unser Wissen und Können von heute reichen nicht aus, um die Herausforderungen von morgen zu bewältigen. **Wer aufgehört hat, besser zu werden, hat aufgehört, gut zu sein.** Wer dauerhaft glücklich sein will, darf darum nicht stehen bleiben, sondern muss ständig dazulernen. **„KLUW“** nennt man das: kontinuierlich lernen und wachsen. Was nicht bedeutet, mehr und mehr Wissen anzusammeln, sondern den Gang der Welt nachzuvollziehen, Neues zu entdecken und auszuprobieren und dadurch die eigenen Grenzen zu erweitern. Nicht um Kopfwissen geht es, sondern um Lebenswissen. Es geht darum, als Persönlichkeit zu wachsen. Indem wir ständig dazulernen, erleben wir Abwechslung, Fortschritte und Meisterschaft. Lernen in diesem Sinne macht Spaß und hält uns auf lange Zeit hin glücksfähig.

Im Prinzip geben Sie mir da vielleicht recht. Aber mal Hand aufs Herz: Wie viel Zeit und Geld investieren Sie in Ihr persönliches Wachstum? Nehmen Sie sich genügend Raum zum Lesen und zur Weiterbildung? Besuchen Sie Seminare und treffen Sie sich regelmäßig mit Menschen, die Ihnen helfen, in Ihrer Persönlichkeit zu wachsen? Haben Sie vielleicht sogar einen persönlichen Coach? Kleiner Tipp: Wenn Sie mehr Geld für Ihr Auto ausgeben als für Ihre Persönlichkeitsentwicklung, setzen Sie falsche Prioritäten.

„Leben ist wie Rudern gegen den Strom. Hört man damit auf, treibt man zurück“
Lao-Tse

LANG ANHALTENDES GLÜCK IST DAS KENNZEICHEN EINER REIFEN PERSÖNLICHKEIT.

49

Schnelles Glück ist wie ein Apfel, der uns unverhofft in den Schoß fällt. Wir beißen hinein und freuen uns an ihm – aber das Glückserleben währt nur kurz. Es wird nicht lange dauern, und wir haben wieder Hunger. Und sind ziemlich schlecht beraten, wenn wir einfach nur darauf warten, dass uns der nächste Apfel in den Schoß fällt.
Lang anhaltendes Glück können wir uns hingegen vorstellen wie einen Apfelbaum. Der wächst nicht von heute auf morgen, und bedarf einer gewissen Mühe und Pflege. Er trägt auch nicht immer in gleichem Maße Früchte, aber doch anhaltend und ziemlich verlässlich.
Mit dem Konzept kontinuierlichen Lernens und Wachsens (KLUW) pflanzen wir so etwas wie unseren persönlichen „Glücksbaum". Es ist kein schneller, aber ein verlässlicher Weg zum Glück. Wenn wir Zeit und Energie in das Wachstum unserer Persönlichkeit investieren, können wir sicher sein, dass das auf Dauer die besten Früchte abwirft – für uns wie für andere.

Sich ständig dem Wachstum der eigenen Persönlichkeit zu widmen, ist allerdings kein Ritt auf Wolken, sondern bedeutet oftmals Verzicht, Loslassen und Korrektur. Immer wieder müssen wir gegen den Strom schwimmen, machen die mühselige Erfahrung des Wartens und erleben mitunter heftige Rückschläge. In einem Satz: Wer langfristig glücklich sein will, kommt kurzfristig um die Erfahrung von Schmerz nicht herum. Es gibt leider keine Instantlösungen und auch keine Abkürzungen auf dem Weg zu dauerhaftem Glück.

Trotzdem: Das Konzept von „Kontinuierlich lernen und wachsen" (KLUW) lohnt sich.

- Es lässt uns unsere Grenzen ausweiten.
- Es bringt uns mit interessanten Leuten zusammen.
- Es hält uns fit für die Herausforderungen von morgen.
- Es macht uns zu Menschen mit Einfluss.
- Es lässt uns ein überdurchschnittliches Leben führen.

KLUW ist die grundlegende Basis für Lebensweisheit, solide Beziehungen und unsere berufliche Zukunft. Und seien Sie versichert: KLUW macht nicht erst am Ziel, sondern bereits auf dem Weg immer wieder enormen Spaß.

Schnelles Glück vergeht schnell. Langsam aufgebautes Glück bleibt lange erhalten.

NICHT GROSSE SPRÜNGE, SONDERN KLEINE SCHRITTE FÜHREN UNS ZUM GLÜCK.

50

Ein altes Sprichwort sagt: „Höre niemals auf, anzufangen und fange niemals an, aufzuhören." Glück ist kein feststehender Zustand, den wir ein für alle Mal erreichen. Wenn wir nicht konsequent auf seiner Spur bleiben, entfernen wir uns von ihm. Darum bedarf es immer neuer kleiner Schritte und Kurskorrekturen, um uns glücksfähig zu halten. Allerdings überschätzen die meisten Menschen, was sie in kurzer Zeit erreichen können, und unterschätzen, was ihnen über einen längeren Zeitraum möglich ist. Wer meint, er könne abnehmen, indem er zwei oder drei Mal Joggen geht, wird ziemlich enttäuscht sein. Wer hingegen kontinuierlich alle ein bis zwei Tage läuft, wird nach einigen Monaten deutliche Erfolge erzielen.

Das Geheimnis des Erfolgs liegt in der Konstanz, mit der wir unseren Weg gehen. Das gilt auch für unser Streben nach Glück. Bücher wie dieses oder auch viele Seminare entfachen in Menschen oft ein Strohfeuer. Sie sind begeistert, wollen alles auf einmal ändern – und hören nach kurzer Zeit wieder auf, weil sie sich damit überfordern. Es sind nicht die großen Sprünge, sondern die kleinen, konsequenten Schritte, die uns zum Ziel führen.

Sie haben in diesem Buch eine Vielzahl von Anregungen bekommen, was Sie in Ihrem Leben ändern könnten. Machen Sie nicht den Fehler, alles auf einmal tun zu wollen. Beginnen Sie mit einer oder zwei kleinen Kursänderungen. Aber halten Sie diese dann bitte auch KONSEQUENT FÜR EINIGE MONATE DURCH. Ich verspreche Ihnen: Die Ergebnisse werden sich einstellen – einige früher, andere später. Erst danach sollte die nächste Kurskorrektur folgen. Ein erster Schritt könnte sein, von den Dingen wegzuschauen, die unseren Blick gefangen halten, und die Augen zu öffnen für das Glück, das uns umgibt, und voller Staunen wahrzunehmen: Glück ist JETZT.

„If you really want to be happy, nobody can stop you".
(Wenn du wirklich glücklich sein willst, kann dich niemand aufhalten.)
Sister Mary Tucker

ANHANG

ANHANG 1
DER GLÜCKS-SCHNELLTEST.

Werte:
Stimmt über die Maßen : 1
Stimmt voll und ganz: 2
Stimmt einigermaßen: 3
Stimmt manchmal: 4
Stimmt eher selten: 5
Stimmt so gut wie nie: 6

Wie glücklich sind Sie? Bestimmen Sie Ihren individuellen „Glückspegel“ mithilfe des unten abgedruckten kleinen Tests. Füllen Sie die folgende Tabelle an einem ganz normalen Tag (ohne besondere emotionale Ausschläge) aus. Tragen Sie Ihre Bewertungen (siehe Seite 130) in die Felder ein. Kreisen Sie den Gesamtwert in der oberen Zahlenreihe der Tabelle auf der nächsten Seite ein. Darunter finden Sie einen Wert zwischen Null und Zehn. Dies ist Ihr persönlicher Glückswert, auch „Glückspegel“ genannt. Vielleicht wiederholen Sie diesen Test nach einiger Zeit noch einmal, um Zufallswerte zu minimieren.

Aussage

- „Ich lebe gern. ○
- „Ich bin optimistisch in Bezug auf die Zukunft.“ ○
- „Ich mag mich so, wie ich bin.“ ○
- „Ich packe die Dinge gern an.“ ○
- „Ich bin ein Optimist.“ ○
- „Es fällt mir leicht, mich zu entscheiden.“ ○
- „Ich fühle mich oft kraftvoll und munter.“ ○
- „Ich bin anderen gegenüber offen und zugewandt.“ ○
- „Ich habe mein Leben im Griff.“ ○
- „Ich bin oft begeistert.“ ○
- „Mein bisheriges Leben betrachte ich als gelungen.“ ○
- „Das Leben meint es gut mit mir.“ ○
- „Ich lache gern und viel.“ ○
- „Der Umgang mit Menschen macht mir Spaß.“ ○
- „Ich mache mir nur wenig Sorgen.“ ○
- „Ich fühle mich rundum gesund.“ ○
- „Ich empfinde ein großes Maß an Freiheit.“ ○

Summe ______

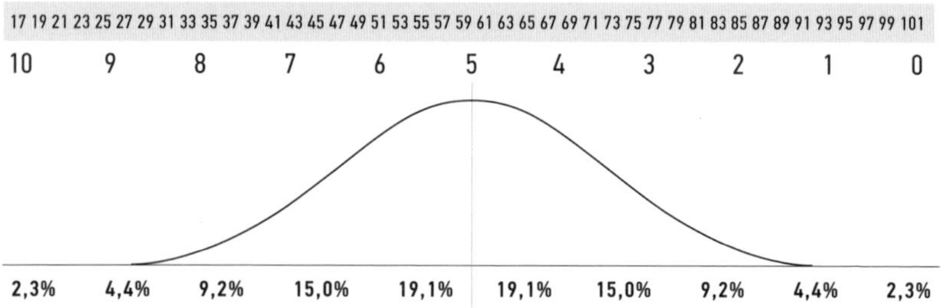

Durchschnittliche Verteilung nach C. F. Gauß

Ergebnis	**Kommentar**
8 – 10 Punkte	Gratuliere: Sie sind ein super glücklicher Mensch! Schön, dass Sie dieses Buch trotzdem lesen. Denn dann wissen Sie auch, warum.
6 – 8 Punkte	Sie sind ein überdurchschnittlich glücklicher Mensch. Trotzdem sollten Sie schauen, ob Sie schon alle Glücksmöglichkeiten ausgeschöpft haben oder ob nicht noch ein Quäntchen mehr möglich ist.
4 - 6 Punkte	Ihr Glücksgefühl pendelt um die Mittellinie herum. Allerdings ist halb glücklich nicht wirklich glücklich. Zumindest kann ihr Glücksgefühl leicht ins Negative kippen. Sie sollten darum versuchen, dauerhaft über sechs Punkte zu kommen. Dieses Buch sagt Ihnen, wie.
2 - 4 Punkte	Bei Ihnen herrscht dringend Handlungsbedarf, und das wissen Sie sicher auch. Vielleicht fehlt Ihnen ab und zu der Glaube, dass sich bei Ihnen etwas ändern kann. Es ist zweifellos nicht leicht, aber auch Sie können Ihren Glückspegel mithilfe eines neuen Denkens und richtiger Weichenstellungen in den positiven Bereich wenden.
0 - 2 Punkte	Sind Sie sicher, dass Sie diesen Test nicht in einer akuten Krise ausgefüllt haben? Denn wenn das tatsächlich Ihr dauerhaftes Lebensgefühl ist, sind Sie stark gefährdet und sollten unbedingt kompetente Hilfe in Anspruch nehmen, um aus dieser Zone herauszukommen. Auch wenn es schwer vorstellbar ist: Das geht!

Wenn Sie den Test nach einem oder zwei Jahren wiederholen, werden Sie feststellen, dass Ihr „Glückspegel“ über die Länge der Zeit weitgehend konstant ist. Die Glücksforschung bezeichnet diesen Wert als den so genannten „Happiness Set Point“. Dieser ist von Person zu Person unterschiedlich. Positive wie negative Ereignisse verändern unsere Gestimmtheit nach oben oder unten, aber nach einiger Zeit kehrt unser Glückspegel immer wieder zu diesem Ausgangswert zurück.

- Der „Happiness Set Point“ hängt etwa zur Hälfte von angeborenen Faktoren ab: Gene, Veranlagung etc. An diesen Dingen können wir nichts ändern.
- Ein gutes Drittel sind soziale Faktoren: Erziehungseinflüsse, kulturelle Vorgaben, das Umfeld, in dem wir uns bewegen usw. Hieran können wir sehr wohl etwas ändern, indem wir etwa unser soziales und kulturelles Umfeld neu gestalten. Doch seien wir ehrlich: Das ist ziemlich schwer.
- Rund fünfzehn Prozent unseres Glückspegels beeinflussen wir durch die Art, wie wir denken, was wir glauben und welche Weichenstellungen wir in unserem Leben vornehmen. Das ist eine überaus gute Nachricht, denn diese fünfzehn Prozent sind das „Ruder“, mit dem wir unser gesamtes Lebensschiff steuern können.

Fünfzehn Prozent – das scheint im ersten Moment nicht viel, ist aber genau betrachtet gigantisch. Zusammen mit den schwer veränderbaren sozialen Faktoren haben wir damit rund zwei Punkte „Spiel“ nach oben und unten. Wenn Sie also negative Glaubenssätze durch positive ersetzen und unkluge Entscheidungen durch kluge, können Sie Ihren Glückspegel um drei bis vier Punkte nach oben befördern! Und glauben Sie mir: Schon ein oder zwei Punkte mehr machen für unser Lebensgefühl unglaublich viel aus!

ANHANG 2
ZWANZIG KLEINE KURSKORREKTUREN ZUM GROSSEN ZIEL „GLÜCK“.

Nicht große Sprünge, sondern kleine, konsequente Schritte führen uns zum Ziel. Stellen Sie sich ein Schiff vor, das eine Kursänderung von nur einem Grad vornimmt. Der Unterschied ist anfangs kaum zu sehen. Doch wenn das Schiff diese Kursabweichung über längere Zeit wirklich durchhält, legt es an einem völlig anderen Ort an. Auf diesem Prinzip basiert die folgende Übung.

Aus der Vielzahl von Anregungen, die Sie in diesem Buch finden, habe ich im Folgenden zwanzig zusammengestellt, die ich für besonders vielversprechend halte. Sie sind allesamt in Form so genannter „Affirmationen" formuliert: kurzer, positiver Ich-Sätze, die Sie bestärken. Suchen Sie sich eine (!) heraus, die Sie besonders anspricht. Als Motto soll Sie dieser Satz über mehrere Monate begleiten:

- Wiederholen Sie den Ich-Satz jeden Morgen drei bis fünf Minuten lang laut und entschlossen vor dem Spiegel. Schauen Sie sich dabei in die Augen.
- Rufen Sie sich den Satz im Verlauf des Tages immer wieder ins Gedächtnis und sprechen Sie ihn – je nach Situation – laut oder doch halblaut aus.
- Üben Sie das entsprechende Handeln so lange ein, bis es Ihnen in Fleisch und Blut übergegangen und zum Bestandteil Ihres normalen Verhaltens geworden ist (mindestens drei bis sechs Monate lang).

Dann gehen Sie über zur nächsten Affirmation. Bitte bleiben Sie konsequent bei den zuerst eingeschlagenen Korrekturen. Es wäre schade, wenn Sie während Ihrer zweiten oder dritten Kurskorrektur die erste vergessen.

„Oft ist eine glückliche Hand nichts anderes als Zielstrebigkeit."
Ralph Waldo Emerson

Vielleicht kommt Ihnen diese Übung albern vor. Sie dürfen auch gerne lachen, aber bitte erst, nachdem Sie die Übung über einige Zeit ernsthaft ausprobiert haben. Die Erfahrung zeigt nämlich, dass die konsequente Umsetzung auch nur einer dieser Kurskorrekturen erstaunliche Wirkungen nach sich zieht.

So seltsam es klingt: Wir werden mehr und mehr zu dem, was wir oft und regelmäßig tun. Verhalten wir uns konstant wie glückliche Menschen, werden wir im Lauf der Zeit tatsächlich glücklicher. Wir ernten täglich kleine Glücksmomente und legen zugleich ein solides Fundament für unser dauerhaftes Lebensglück.

ZWANZIG KLEINE KURSKORREKTUREN ZUM GROSSEN ZIEL „GLÜCK“.

1. Ich übernehme Verantwortung für mein Leben.
2. Ich führe mein Leben.
3. Ich nehme Herausforderungen an.
4. Ich sorge für meinen Körper: Bewegung / Essen / Schlaf.
5. Ich verhalte mich mehrmals am Tag bewusst extrovertiert.
6. Ich umgebe mich mit glücklichen Menschen.
7. Ich investiere Zeit in Beziehungen.
8. Ich teile mein Glück mit anderen.
9. Ich diene anderen mit meinen Gaben.
10. Ich nehme bewusst wahr, was gerade ist.
11. Ich tue, was ich tue.
12. Ich atme mehrfach am Tag tief und bewusst.
13. Ich entwickle positive Glaubenssätze.
14. Ich sehe in jedem Tag ein Geschenk, eine einmalige Gelegenheit.
15. Ich kultiviere Dankbarkeit.
16. Ich sage „Ja“ zu dem, was ich nicht ändern kann.
17. Ich konzentriere mich auf die Aussaat von Glück.
18. Ich ernte jeden Tag ein Stück Glück.
19. Ich öffne ganz bewusst mein Herz: für andere, für Neues, für Gott, für das Leben.
20. Ich verankere mich in Gott – und zwar richtig!

ANHANG 3
„QUICK-FIXES“ – 21 DINGE, DIE SIE MACHEN KÖNNEN, UM SICH JETZT GLÜCKLICH ZU FÜHLEN.

Kleine konstante Schritte hin oder her – manchmal muss es auch schnell gehen. Eine langfristige Behandlung kann eine gute Erstversorgung nicht ersetzen und umgekehrt. Die folgenden „Quick-Fixes“ machen zwar nicht dauerhaft glücklich, helfen aber zu einem kurzfristigen Glückserlebnis – und lassen uns auf dem langen Weg zum dauerhaften Glück besser durchhalten.

„So muss man leben: Die kleinen Freuden aufpicken, bis das große Glück kommt. Und wenn es nicht kommt, dann hat man wenigstens die kleinen Glücke gehabt.“
Theodor Fontane

1. Laufen Sie.

Oder hacken Sie Holz. Gehen Sie schwimmen, Rad fahren oder Trampolin springen. Tun Sie irgendetwas, was Sie ins Schwitzen bringt. Körperliche Anspannung und anschließende Entspannung tun gut – auch unserem Geist und unserer Seele.

2. Schalten Sie ab.

Ihr Handy. Ihr E-Mail-Postfach. Ihren Blackberry. Lassen Sie sich selbst von der Leine. Wer auch am Feierabend, am Wochenende oder im Urlaub erreichbar bleibt, ist zumindest mit einem Teil seines Herzens bei der Arbeit. Entspannen und glücklich sein fällt so deutlich schwerer.

3. Suchen Sie einen Ort auf, der Ihnen Kraft gibt.

Den romantischen Ort in der näheren Umgebung. Die alte Kirche, wo Sie zur Ruhe kommen. Oder die Sauna, in der Sie mal alles herausschwitzen können. Manchmal brauchen wir einen Ortswechsel zum Glück. Oder wenigstens ein gutes Buch, hinter dem wir uns vergraben können.

4. Machen Sie einen langen Spaziergang.

Eine Stunde an der frischen Luft, am besten in freier Natur, lässt Sie durchatmen. Sie nehmen neue Eindrücke auf, Ihre Gedanken sortieren sich – und ganz nebenbei bewegen Sie sich. Gehen Sie öfter mal kleine Wege zu Fuß, für die Sie sonst das Auto, den Bus oder auch den Fahrstuhl benutzen würden.

5. Atmen Sie tief.

Beispielsweise in Stresssituationen. Oder wenn Sie Angst haben. Fünf Minuten lang mindestens sieben Sekunden einatmen und zehn Sekunden lang ausatmen. Sie werden sehen: Anschließend sind Sie deutlich ruhiger und gelassener.

6. Beten Sie.

Kommen Sie in Kontakt mit Gott. Ihrer inneren Mitte. Suchen Sie Ihre „innere Burg" auf und gewinnen Sie Abstand von dem, was Sie sonst so umtreibt. Im Gebet lernen Sie, die Dinge aus einer „göttlichen Perspektive" zu sehen.

7. Machen Sie eine Dankesliste.

Unzufriedenheit und das Gefühl des Unglücklichseins erwachsen oft aus der Tatsache, dass wir einseitig die negativen Aspekte in unserem Leben betrachten. Machen Sie sich eine Liste von mindestens zwanzig Dingen, für die Sie tief dankbar sind. Freuen Sie sich darüber – und sagen Sie „Danke!"

8. Rufen Sie Ihre beste Freundin oder Ihren besten Freund an.

Mit wem können Sie besser Erlebtes besprechen, Probleme erörtern oder auch einfach mal Dampf ablassen? Das löst die Probleme zwar nicht, schafft aber Entlastung, und es kann sich etwas in Ihnen lösen. Und wer weiß: Vielleicht führt es auch zu einem Perspektivwechsel.

9. Beginnen Sie ein Gespräch.

Sprechen Sie jemanden an, an dem Sie sonst vielleicht achtlos vorbeigehen würden. In der Kantine. Im Fahrstuhl. An der Supermarktkasse. Manche reagieren vielleicht befremdet. Aber viele freuen sich. Und Sie sich mit ihnen.

10. Bringen Sie jemanden zum Lächeln.

Dazu müssen Sie nicht die Stimmungskanone spielen. Es genügt, wenn Sie locker sind und das auch ausstrahlen. Oder hier und da ein aufmunterndes Wort finden. Das Lächeln, das Sie auf das Gesicht eines anderen Menschen zaubern, macht Sie beide froh.

11. Verhalten Sie sich extrovertiert.

Gehen Sie aus sich heraus. Glücksforscher haben herausgefunden, dass extrovertiertes Verhalten unseren Glückspegel wie kaum ein anderer Faktor nach oben schnellen lässt. Gerade auch bei introvertierten Menschen.

12. Loben Sie.

Andere Menschen. Gott im Himmel. Sich selbst. Machen Sie es sich zur Regel, mindestens viermal so viel zu loben wie zu kritisieren. Seien Sie großzügig im Verteilen von Komplimenten. Sie werden merken: Loben zieht nach oben. Nicht nur andere, sondern auch uns selbst.

13. Seien Sie großzügig.

Zeigen Sie sich spendabel. Bringen Sie andere nicht in die Enge, selbst wenn Sie sich noch so sehr im Recht fühlen. Übernehmen Sie öfter mal die Rechnung. Geben Sie ein ordentliches Trinkgeld, wenn Sie gut bedient wurden. Vergeben Sie. Großzügiges Verhalten macht die Seele weit.

14. Denken und reden Sie positiv.

Negative Gefühle sind das Resultat negativer Gedanken, Worte und Handlungen. Wenn Sie also glücklich sein wollen, gewöhnen Sie sich an, konsequent positiv zu reden und zu denken. Und meiden Sie Handlungen, die anderen Menschen schaden.

15. Relativieren Sie Ihren Ärger.

Werden Sie sich über das, was Sie gerade aufregt, in drei Jahren noch ärgern? Wenn nein, lohnt es auch jetzt nicht. Sie haben einen Langsamfahrer vor sich oder stehen an der falschen Supermarktkasse? Warum machen Sie (!) sich Stress? Hier geht es bestenfalls um ein paar Minuten. Ist das den Ärger wert?

16. Nehmen Sie sich leicht.

Engel können fliegen, weil sie sich leicht nehmen. Wer sich selbst allzu ernst nimmt, kann nicht glücklich sein. Papst Johannes XXIII. sagte, er habe lange Schlafstörungen gehabt, bis ihm ein Engel im Traum erschienen sei und ihm gesagt hätte: „Giovanni, nimm dich nicht so wichtig." Darum: Gewinnen Sie einen gesunden Abstand zu Ihren inneren Gefühlen und lachen Sie öfter mal über sich selbst.

17. Lachen Sie.

Lachen stärkt unser Immunsystem, es hebt unsere Stimmung und entspannt. Sammeln Sie darum Leute um sich, mit denen Sie lachen können. Lesen Sie ein witziges Buch, besuchen Sie ein Kabarett oder schauen Sie einen lustigen Film an. Quick-Tipp: Ziehen Sie die Mundwinkel für eine Minute von einem Ohr zum anderen und schauen Sie sich dabei im Spiegel an. Ob Sie es glauben oder nicht: Das wirkt.

18. Tauchen Sie ab in ein „FLOW"-Erlebnis.

Tun Sie etwas, was Sie gut können und worin Sie sich dermaßen vertiefen können, sodass Sie alles um sich herum vergessen. Allerdings sollte es etwas Sinnvolles sein (also nicht nur ein Computerspiel), sonst tauchen Sie aus Ihrer Flow-Erfahrung mit einem Riesenkater wieder in der Realität auf.

19. Erledigen Sie eine unangenehme Arbeit – sofort!

Wir können Dinge zwar auf die lange Bank schieben, aber deswegen belasten sie dennoch unsere Seele. Und zwar je länger, je mehr. Da hilft nichts: Packen Sie „das große U" (Unangenehme) beherzt an und bringen Sie es schnell und gründlich hinter sich. Das macht zwar keinen Spaß, geht aber oft schneller, als Sie dachten. Und danach fühlen Sie sich garantiert besser.

20. Belohnen Sie sich selbst.

Sie haben eine schwere Woche hinter sich gebracht, ein Projekt abgewickelt, ein schwieriges Gespräch geführt, den Schreibtisch aufgeräumt oder die lästige Steuererklärung gemacht? Belohnen Sie sich: mit einem heißen Bad, einem Glas Sekt oder einem Riegel Schokolade; gehen Sie essen oder besorgen Sie sich eine lange gewünschte CD. Behandeln Sie sich selbst gut – Sie haben es verdient!

21. Machen Sie die „JETZT-Übung",

die ich weiter oben in diesem Buch (vgl. Abschnitt 37) beschrieben habe: Nehmen Sie ganz bewusst wahr, was gerade ist. Halten Sie inne und benutzen Sie alle Sinne: Was können Sie in diesem Moment gerade hören, sehen, riechen, fühlen, tasten oder schmecken? Staunen Sie über diesen ganz normalen und gleichzeitig doch so unglaublich dichten Moment Ihres Lebens. Lächeln Sie und sagen Sie voller Freude: „Danke!"

HIER GIBT'S NOCH MEHR ZUM GLÜCK:

Ein ganzes Set voller schöner Momente. Jede der Karten hat das Zeug dazu, jemandem ein Lächeln aufs Gesicht zu zaubern und zum Nachdenken anzuregen. Als Beilage zu einem Brief oder Geschenk - oder um sich die Karten selbst an den Spiegel zu stecken ...

Glück ist jetzt. Postkartenset
12 Postkarten, ca. 15 x 11 cm,
Bestellnr. 557 3902,
€ 8,95, € (A) 9,20 / sFr 16,20

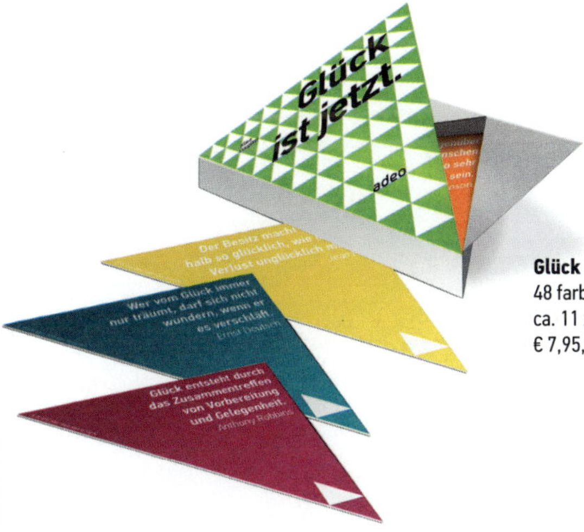

Glück ist jetzt. Dreieckskartenset
48 farbenfrohe, dreieckige Spruchkarten,
ca. 11 x 11 x 15 cm, Bestellnr. 557 4004,
€ 7,95, € (A) 8,20 / sFr 15,90

VIELE KÖCHE GESTALTEN DAS GLÜCK:

Kreativdirektion: Eva Jung
und das gobasil-Team: Nick Böse und Julia Lüddecke
und Nico Mühlan und Oliver Popke und Maria Schramm
und Katja Tonn und Sebastian Weiss und
Constanze zu Dohna – und Lu und Klein Walz
www.gobasil.com

Für die Collagen haben wir unter anderem Bilder aus folgenden Quellen verwendet:

Seite 24 All-American Ads of the 50s, edited by Jim Heiman, TASCHEN Verlag 2001

Seite 26 All-American Ads of the 50s, edited by Jim Heiman, TASCHEN Verlag 2001

Seite 40 Smileys von Nadine, Bildagentur Fotolia

Seite 44 Wegweiser durch die Natur, 1986 Verlag Das Beste, Stuttgart

Seite 48 Oscar Reutersvärd

Seite 62 Handbook of early advertising art von Clarence P. Hornung, Pictorial Volume 2, Dover Pictorial Archive Series 1956

Seite 66 Handbook of early advertising art von Clarence P. Hornung, Pictorial Volume 2, Dover Pictorial Archive Series 1956

Seite 68 All-American Ads of the 50s, edited by Jim Heiman, TASCHEN Verlag 2001
WENZ Pforzheim Großversandhaus, Herbst / Winter 1967/68

Seite 84 Metamorphosen, antike Götter im Wandel von Glaube und Kunst, Friederike Wappenschmidt, Verlag Philipp von Zabern, Mainz, 2004; Handbook of early advertising art von Clarence P. Hornung – Pictorial Volume 2, Dover Pictorial Archive Series 1956

Seite 102 Handbook of early advertising art von Clarence P. Hornung – Typographical Volume 1, Dover Pictorial Archive Series 1956

Seite 116 Inflatable giraffe von avian75, Bildagentur iStockphoto.com

Seite 118 BURDA Mode Magazin #8, August 1971

Seite 122 Chameleon von Thomas Nitz, Bildagentur Fotolia.de

Seite 124 Pflanzen – Leitfaden der Botanik, Professor Doktor Otto Schmeil, Verlag von Quelle & Meyer, Leipzig 1909